Aplicaciones Telemáticas

J. E. Muñoz Expósito, R. P. Prado, S. García Galán

© 2011 Bubok Publishing S.L.

1ª edición

ISBN: 978-84-9009-196-8

DL: M-37609-2011

Impreso en España / Printed in Spain

Impreso por Bubok

Dedicatoria

A todos aquellos que buscan el conocimiento y en especial a nuestros alumnos, que con su energía y ganas de aprender convierten la docencia en una experiencia única.

"¿Quién es el que no avanza? Quien se cree sabio, quien dice: me basta con lo que soy"

(San Agustín)

Índice

Prefacio

El siguiente libro está dirigido a todos aquellos interesados en aprender a desarrollar servicios basados en aplicaciones web, tanto en su vertiente de aplicación cliente como de servidor. Los materiales presentados son fruto de la experiencia de nueve años en la docencia de la asignatura *Aplicaciones Telemáticas*, perteneciente al tercer curso del plan de estudios de Ingeniería Técnica de Telecomunicación impartida en la Universidad de Jaén.

El objetivo perseguido es introducir al lector en el desarrollo de aplicaciones web, aprendiendo los principales conceptos en que se basan las aplicaciones distribuidas y conocer herramientas utilizadas en la creación de aplicaciones de servidor y cliente. Para ello se ha dividido el contenido en cinco grandes capítulos. En el primero de ellos se introduce el concepto de aplicación web, mostrando los protocolos de nivel de aplicación utilizados así como los métodos de representar información asociados a este tipo de aplicaciones. En el segundo capítulo presentamos una metodología de desarrollo de aplicaciones de servidor y las soluciones basadas en Java para llevarlas a cabo. En un tercer capítulo se introduce el concepto de servicio web y se presentan ejemplos para programarlos. El cuarto capítulo se centra en distintas técnicas para la creación de aplicaciones cliente que interactuan con aplicaciones de servidor. Finalmente, en el quinto y último capítulo, se propone un ejemplo de aplicación donde quedan reflejadas las tecnologías presentadas en este libro.

A lo largo del proceso de revisión y edición de este libro hemos recibido la ayuda de algunas personas, por lo que no queremos dejar escapar la ocasión de expresarle nuestro agradecimiento a Antonio Muñoz por el diseño de la portada y en especial a nuestros alumnos que con sus sugerencias e interés han impulsado la escritura de este libro.

Capítulo 1

Introducción a las aplicaciones web

Si nos preguntamos qué es una aplicación web, no podemos dar una única respuesta, ya que ésta va evolucionando a lo largo del tiempo. En un principio se entendía por aplicación web un conjunto de documentos basados en un lenguaje de marcas llamado HTML (HyperText Markup Language o Lenguaje de Marcado de Hipertexto), archivos de texto, de imágenes, de audio o video, relacionados entre sí a través de hipervínculos. Posteriormente, junto a estos documentos aparecieron programas que realizaban una determinada función y que eran ajenos al servidor: habian nacido las *aplicaciones de servidor*. Por su parte, los navegadores también evolucionaron permitiendo la ejecución de aplicaciones.

Las aplicaciones web se fundamentan en ideas como:

* Paradigma de programación cliente-servidor.
* Protocolos de comunicación basados en TCP/IP (por ejemplo HTTP).
* Especificaciones MIME (Multipurpose Internet Mail Extensions), dirigidas al intercambio a través de Internet de todo tipo de archivos.
* Lenguajes de marcas (como son HTML o XML).

Para poder identificar las distintas aplicaciones y recursos en Internet es necesario usar algún tipo de direccionamiento. Para ello se introduce el conocido como identificador uniforme de recurso o URI (Uniform Resource Identifier). Un URI es una cadena corta de caracteres que identifica inequívocamente un recurso. Hay dos tipos:

- URL (Uniform Resource Locator). Localiza un recurso en un lugar físico de la red.

- URN (Uniform Resource Name). Nombre de recurso, dependiente de la posición.

El formato y los elementos que lo constituyen son los siguientes:

<esquema>://<net_log>:<puerto>/<ruta>?<consulta>

- Esquema. Puede referirse a una especificación para asignar los identificadores, por ejemplo *urn:*, o a protocolos, por ejemplo *http:*, *ftp:*, *mailto:*.

- Net_log. Formado por la el nombre (por ejemplo www.ujaen.es). Puede existir también información de login.

- Puerto. Puerto a través del cuál se accede al servicio.

- Ruta. Información organizada jerárquicamente que identifica al recurso.

- Consulta: Información aportada en peticiones, usualmente pares del tipo "clave=valor". El comienzo de este componente se indica mediante el carácter '?'.

Ejemplos de algunas URL:

ftp://usuario:pwd@192.168.1.100/archivo.exe

http://www.ujaen.es/home/alumno.html

A continuación vamos a realizar un breve resumen de la evolución de las aplicaciones cliente y servidor. Los primeros navegadores solo podían visualizar texto, imágenes y documentos HTML. Los recursos multimedia que manejaban eran escasos y no permitian la ejecución de aplicaciones cliente, limitando la iteración con el usuario. Con el paso del tiempo los navegadores posibilitaron la ejecución de aplicaciones, programadas en lenguajes de script. Algunos de los lenguajes usados para la creación de estas aplicaciones fueron:

- *VBscript*: Exclusivo de Iexplorer.

- *Jscript*: Microsoft.

- *JavaScript*: Desarrollado por Netscape.

- *ECMAScript*: basado en JavaScript

En pocos años aumentó la capacidad de ejecución de aplicaciones en los navegadores, incorporando una máquina virtual Java que permitiera la ejecución de aplicaciones java. Esto potenció la portabilidad de los componentes desarrollados. Además de las nuevas posibilidades comentadas anteriormente, los navegadores fueron incorporando:

- La visualización de lenguajes de marca diferentes a HTML.

- CSS (Cascading Style Sheets, hojas de estilo) para presentar la información.

- DOM (Document Object Model) y JavaScript (interacción dinámica con los datos).

- Capacidad de efectuar transformaciones, por ejemplo usando XSLT (Extensible Stylesheet Language Transformations o lenguaje de transformación de documentos XML).

- Análisis de datos en cliente.

Los primeros servidores sólo se encargaban de enviar los datos al usuario final, no existía medio de acceder a otros elementos (por ejemplo gestores de bases de datos) o no tenían la capacidad de devolver resultados generados por un programa externo. Como se muestra en la figura 1.1, el recurso existía físicamente en el sistema de archivos del servidor, y tras recibir una petición del cliente, el servidor enviaba el contenido de dicho recurso encapsulado en un mensaje de un protocolo de aplicación, normalmente HTTP.

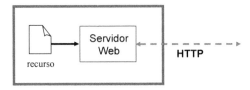

Figura 1.1. Funcionamiento de los primeros servidores.

Las primeras aplicaciones de servidor que aparecen son las conocidas como aplicaciones CGI (Common Gateway Interface). CGI define un medio para que los servidores web intercambien información con aplicaciones externas.

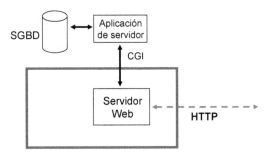

Figura 1.2. Servidor con capacidad de ejecutar aplicaciones CGI.

Estas aplicaciones si pueden comunicarse con otros servidores y aplicaciones (figura 1.2). Se pueden usar distintos lenguajes de programación para crearlas: C, C++, Perl, PHP, Java, Python, etc. Los criterios que se utilizan para elegir un leguaje u otro son:

- *Conocimiento del lenguaje.* El coste de aprendizaje de un nuevo lenguaje puede ser alto, por tanto es lógico que se apliquen los conocidos al desarrollo de aplicaciones de servidor.

- *Herramientas disponibles.* La disponibilidad de un conjunto de entornos de desarrollo y sus licencias asociadas, puede determinar la elección de un lenguaje a la hora de crear aplicaciones de servidor. La existencia de un trabajo previo ya desarrollado puede determinar la elección.

- *Rendimiento deseado.* En función del lenguaje elegido, las aplicaciones tienen unas determinadas prestaciones en cuanto a tiempo de ejecución, recursos de la máquina ocupados, capacidad de conectarse con aplicaciones de terceros, etc. Todo ello determina la elección de un lenguaje de programación.

La introducción de este tipo de aplicaciones de servidor presentó una serie de ventajas e inconvenientes. Entre las consecuencias positivas se pueden destacar:

- *Mantenimiento y distribución de clientes.* Se podían crear aplicaciones que no necesitaban distribuirse e instalarse en las maquinas de los distintos clientes. Cualquier modificación se instalaría en el servidor y estaría disponible a partir de ese momento a todos los usuarios.

- *Comunicación a través de un cliente estándar.* Uso de un navegador como cliente que accede a la aplicación de servidor. No es necesario tener instalado otros componentes que permitiesen comunicarse con la aplicación de servidor.

Como negativas están:

- *Con una petición HTTP se inicia un nuevo proceso.* Si se generan N llamadas al mismo programa se crean N copias en el sistema. Esto implica una alta ocupación de recursos en la máquina que alberga las aplicaciones de servidor, llegando a bajar sus prestaciones y rendimiento si no se ha dimensionado correctamente.

- *Problemas de seguridad.* Las aplicaciones que se ejecutan en el servidor tienen acceso a recursos del sistema operativo, al sistema de archivos, a zonas de memoria, datos almacenados, etc. Así mismo, pueden afectar a programas de terceros, quedando comprometida la seguridad del sistema.

- *Lentos.* En muchas ocasiones las aplicaciones hacen uso de intérpretes, lo que aumenta el tiempo de ejecución. El uso de estos intérpretes requiere más recursos de máquina.

En un intento de mejorar el rendimiento de las aplicaciones de servidor, se desarrollaron APIs específicas para la ejecución de éstas, algunos ejemplos fueron NSAPI (Netscape Server Application Programming Interface) de

Nescape e ISAPI (Internet Server Application Programming Interface) de Microsoft. Las aplicaciones desarrolladas utilizando estas APIs específicas, pueden acceder a otros servidores, sistemas gestores de bases de datos o aplicaciones de terceros tal y como se muestra en la figura 1.3.

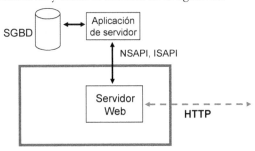

Figura 1.3. Servidor con capacidad de ejecutar aplicaciones a través de APIs específicas.

Al igual que en los navegadores, se intentó solventar la portabilidad de las aplicaciones de servidor incorporando una máquina virtual Java (figura 1.4), que permitiese la ejecución de aplicaciones java independientemente del sistema operativo que estuviese instalado en el servidor anfitrión de aplicaciones. Esto potenció la portabilidad de los componentes desarrollados. Algunas de estás soluciones basadas en java fueron los *Servlets* o las *aplicaciones JSP*.

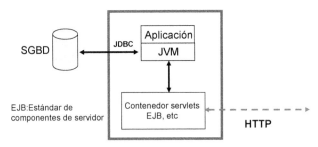

Figura 1.4. Aplicaciones de servidor basadas en java.

En los últimos años han aparecido unas aplicaciones bajo el nombre de *servicios web*. No se trata de aplicaciones web tal y como las que hemos presentado con anterioridad. Concretamente, mediante servicios web se desarrollan aplicaciones distribuidas. El nombre puede resultar confuso y el origen de éste tiene que ver con los elementos existentes en las aplicaciones web y que estan presentes en ellos. Algunos de estos son:

- Protocolos de nivel de aplicación utilizados entre clientes y aplicaciones web, como HTTP.

- Mensajes expresados en lenguajes de marca basados en XML para el intercambio de información entre aplicaciones.

- Especificaciones MIME, dirigidas al intercambio a través de Internet de archivos.

- Paradigma de programación cliente servidor.

Un servicio web se define como "una aplicación identificada mediante una URI, cuyo uso es capaz de ser definido, descrito y descubierto mediante XML, y soportar interacciones con otras aplicaciones usando mensajes basados en XML y protocolos de Internet". Algunas de las características de los servicios web son:

- Acceso independiente de la plataforma y lenguaje.

- Hacen uso de protocolos de nivel de aplicación para encapsular los mensajes que intercambian las aplicaciones, por ejemplo HTTP o SMTP.

- Permite la integración de aplicaciones.

- Se presentan como un intento de portabilidad.

A continuación se presentan algunos hechos destacados en la historia de las aplicaciones existentes en Internet que reflejan la evolución tecnológica comentada:

1989:	Primera web, en el CERN por Tim Berners-Lee.
1990:	Primeros cliente y servidor HTTP.
1992:	Navegador Mosaic (GUI).

1994:	Fundación de Netscape. Marc Andersen (Mosaic, Illionois Urbana-Campagne) y Jim Clark (Silicon Graphics).
1995:	Navegadores Netscape e Internet Explorer.
1996:	Guerra de Navegadores. Primer webmail: Hotmail. Se gesta Google: Universidad de Stanford (CA).
1998:	Hegemonía del navegador Microsoft. XML 1.0.
1999:	Aplicaciones p2p.
2002:	W3C lanza Actividad de servicios web. Concepto de web semántica.
2004:	Navegador Firefox. Nace el concepto web 2.0: blogging, wiki, servicios web, bitTorrent, RSS.
2005:	Difusión: Atom, Podcasting. Video sharing: YouTube.
2005-6:	Apogeo Web 2.0: MySpace (2003), Facebook (2004), Tuenti.
2006:	Web semántica (XML/RDF), espacios 3D (second life), GoogleEarth (2005), Twitter.
2008:	Web 3.0: facebook iLike, Twine (recomendación).
2009-10:	Dropbox: servicio de almacenamiento de archives en cloud, Grooveshark: sistema web de recomendación musical.

En este primer capítulo se va a estudiar el protocolo de nivel de aplicación (HTTP) que usan clientes y aplicaciones de servidor así como distintos lenguajes de marcas utilizados para representar la información que intercambian las aplicaciones. Finalmente se presenta un método para realizar transformaciones de documentos basados en este tipo de lenguajes, concretamente las transformaciones XSLT.

1.1. Protocolo HTTP

El protocolo HTTP (Hypertext Transfer Protocol) es un protocolo de nivel de aplicación que se usa para la comunicación entre clientes y servidores web. Algunas de sus características son:

- Usa conexiones TCP.

- El servidor usa el puerto 80 por defecto, aunque se pueden usar otros.

- Es un protocolo de tipo pregunta-respuesta.

- Es un protocolo "sin estados", aunque veremos mas adelante como define cabeceras que permiten implementar un mecanismo de sesiones.

Los servidores web que implementan este protocolo pueden permitir que las conexiones TCP sean permanentes o no. Esto tiene una consecuencia directa en el tiempo que debe esperar el cliente para recibir toda la información solicitada al servidor. Para explicar esto adecuadamente, vamos a recordar el concepto de RTT (round-trip delay time), que es el tiempo que tarda un pequeño paquete en ir desde el cliente hasta el servidor y volver, constituido por el retardo de propagación, tiempo de cola en los encaminadores y tiempo de procesamiento.

Antes de enviar una petición de un recurso a un servidor web, se realiza una conexión TCP. Tras un tiempo equivalente a RTT, el cliente envía el mensaje de petición HTTP, obteniendo la respuesta por parte del servidor tras un tiempo RTT. Este proceso se describe en la figura 1.5. Se puede observar como el tiempo total para una respuesta es 2 * RTT. Si el objeto solicitado hace referencia a otros, el cliente debe realizar distintas peticiones al servidor para obtenerlos.

Las distintas estrategias para solicitar estos recursos son:

- Uso de conexiones *no persistentes*. Se realiza una nueva conexión para cada objeto solicitado. Esto requiere una mayor reserva de variables TCP, lo que conlleva un incremento en los recursos

9

ocupados del servidor. Este tipo de conexiones aumentan el retardo, ya que por cada petición, se genera una conexión TCP con su tiempo RTT asociado.

• Conexiones *persistentes*. No requieren crear una conexión para cada objeto solicitado. La conexión TCP se establece con la primera petición HTTP, quedando abierta para sucesivas peticiones. Las conexiones persistentes se dividen en dos categorías:

1. Con *pipeline*. El cliente HTTP realiza peticiones tan pronto como encuentra referencias a otros objetos en un documento. Se solapan las peticiones y respuestas. Esto minimiza el número de tiempos RTT.

2. Sin *pipeline*. Se realiza una petición-respuesta por cada objeto.

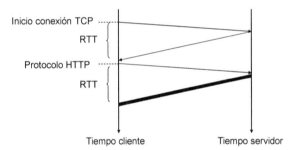

Figura 1.5 RTT en una conexión HTTP.

1.1.1. Formato de los mensajes HTTP

Los mensajes HTTP tienen un formato distinto para peticiones y respuestas. En este apartado se muestran las características principales. El formato de petición es el mostrado en la figura 1.6.

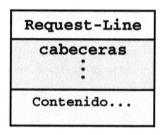

Figura 1.6. Formato de mensajes de petición HTTP.

La primera línea esta constituida por los siguientes elementos:

Comando URI *HTTP-Version* \r\n

Comando:	GET, POST, etc. Solicitan un recurso o acción al servidor.
URI:	Localización de recurso.
HTTP-Version:	Versión del protocolo.

Tras la primera línea (Request-Line) vienen una serie de cabeceras. Cada línea de cabecera contiene un nombre de atributo seguido de ":" y el valor del atributo. Cada línea termina con CRLF. Estas cabeceras proporcionan información al servidor acerca del cliente, por ejemplo qué tipo de cliente es, qué tipo de contenido se aceptará, o quien hace la petición.

Ejemplo:	*Accept*: text/html	(contenido que acepta)
	From: a@correo.es	(quien hace la petición)
	User-Agent: Mozilla/5.0	(tipo de cliente)

El final de la sección de cabeceras se marca con una línea sin contenido: "\r\n\r\n". Puede que no existan cabeceras, por ejemplo en caso de una petición GET. Una petición de tipo POST incluye datos tras las cabeceras. En este caso, debe aparecer la cabecera *Content-Length*, con un valor equivalente al tamaño de datos que se envían al servidor.

A continuación se muestra un ejemplo de una petición HTTP solicitada a un servidor, figura 1.7. Se observa el nombre del recurso solicitado, en este caso el recurso por defecto ("/") y las distintas cabeceras que envía el navegador. El resultado de la petición se muestra en la figura 1.8.

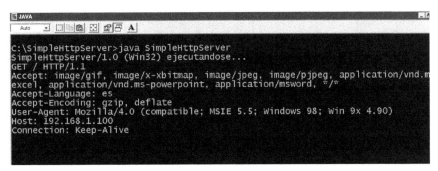

Figura 1.7. Petición solicitada por cliente HTTP

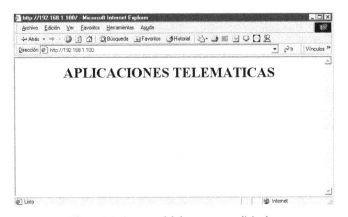

Figura 1.8. Aspecto del documento solicitado.

Cuando no se indica un nombre de recurso, se denomina recurso por defecto. En el servidor existe un archivo de configuración donde se define el nombre del recurso por defecto. En el ejemplo anterior, figuras 1.7 y 1.8, el recurso por defecto utilizado es *index.html*. Este documento es el que contiene las marcas que al ser visualizadas en el navegador presentan un aspecto como el reflejado en la figura 1.8.

Las figuras 1.9 y 1.10 presentan un ejemplo donde se ha generado una petición HTTP directamente desde un cliente TCP. En concreto, se solicita un documento por defecto haciendo uso del método GET y se indica que el tipo de navegador es

Figura 1.9. Petición desde cliente TCP (Telnet)

Figura 1.10. Petición realizada al servidor.

Teleco1, un nombre inventado para este caso. Al recibir esta petición, el servidor devuelve el contenido del documento designado por defecto, index.html.

Depende del tipo de mensaje, GET o POST, los datos que se envían desde un cliente al servidor ocuparán una determinada posición dentro del mensaje de petición. En caso de mensaje de tipo GET, los datos van en la primera línea (Request-Line):

GET /recurso?nombre1=valor1&nombre2=valor2... HTTP/1.1

Si los mensajes son de tipo POST los datos van en la zona del mensaje destinada a contenido:

POST /recurso HTTP/1.1

...

nombre1=valor1&nombre2=valor2...

Tanto si el mensaje es de tipo GET como de tipo POST, los datos enviados son codificados según el formato *x-www-form-urlencoded*. Esta codificación consiste en:

- Los caracteres comprendidos entre a-z, A-Z y 0-9 se envían sin modificar.

- El resto de caracteres se codifican como dos dígitos hexadecimales (%xy). El espacio en blanco puede codificarse como signo + o bien según este último criterio.

El formato de mensaje para las respuestas HTTP se muestra en la figura 1.11.

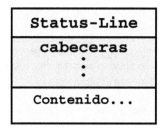

Figura 1.11. Formato de mensajes de respuesta HTTP.

La primera línea (Status-Line) tiene el siguiente formato:

HTTP-Version Status-Code **Mensaje**

HTTP-Version: HTTP/1.0   HTTP/1.1.
Status-Code: Número de 3 dígitos.
Mensaje: Mensaje de texto.

Algunos valores de *Status-Code* son:

    1xx   Información.
    2xx   Éxito.
    3xx   Redirección.
    4xx   Error de cliente.
    5xx   Error de servidor.

Algunos ejemplos de la parte de mensaje *Status-Line* son:

HTTP/1.0 200 OK
HTTP/1.0 301 Moved Permanently
HTTP/1.0 400 Bad Request
HTTP/1.0 500 Internal Server Error

Tras la primera línea (Status-Line) vienen una serie de líneas de cabecera. Cada una de ellas contiene un nombre de atributo seguido del caracter ":" y el valor del atributo. Proporciona al cliente información del documento que devuelve el servidor, por ejemplo: tipo de documento, cómo es de grande, cómo está codificado, última modificación, etc. La zona de cabeceras termina con una línea CRLF.

Como ejemplo de cabeceras, se puede observar en la figura 1.12 las que devuelve un servidor web Apache. Se ha solicitado un documento por defecto desde un cliente, y el servidor devuelve un HTTP/1.1 200 OK, para indicar que existe ese recurso y que se lo envía con éxito. Además indica la fecha, tipo de servidor, última modificación del documento, tamaño del mismo, tipo de contenido, entre otros.

Figura 1.12. Mensaje de respuesta HTTP.

1.1.2. Interacción usuario-servidor

Las cabeceras HTTP no sólo ofrecen información de las capacidades del cliente o del servidor, tambien permiten la interacción entre ellos. Vamos a estudiar dos utilidades de las mismas:

- Definición de zonas seguras en servidor y autentificación de los clientes para acceder a los recursos situadas en ellos. Esto se conoce como autorización HTTP.

- Guardar preferencias de usuario en cliente, para su posterior envío al servidor.

Existen distintos mecanismos de autentificación. Es muy común usar el *Método Básico de Autentificación*. Se basa en el envío de cabeceras del servidor al cliente para que éste se identifique. La idea es la siguiente:

1. Se definen zonas dentro del servidor (sistema de archivos) cuyo acceso debe ser seguro, restringido a un grupo de usuarios. Puede definirse en un fichero de configuración.

2. Si el cliente solicita un recurso que esta en esta zona, el servidor responde con un mensaje para la identificación del cliente (figura 1.13).

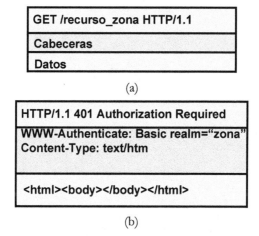

Figura 1.13. Mensajes de petición del cliente (a) y respuesta (b) del servidor.

3. Cuando el cliente recibe esta respuesta, envía una credencial con nombre y contraseña al servidor (figura 1.14). Para ello se codifica el par "usuario: contraseña" en base64. Para introducir estos valores, se usa una interfaz como la mostrada en la figura 1.15.

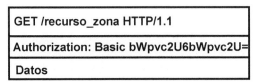

Figura 1.14. Mensaje de petición con la credencial usuario:contraseña.

Figura 1.15. Menú para la introducción de contraseña y usuario.

4. Existe un número de reintentos. En cada uno de ellos, el servidor envía el mensaje que contiene la cabecera:

WWW-Authenticate: Basic realm="zona"

5. Tras reintentos sin éxito, el navegador presenta una página parecida a la mostrada en la figura 1.16, donde se indica que es necesario introducir un nombre de usuario y una contraseña que sean correctos.

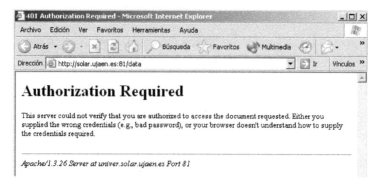

Figura 1.16. Página que muestra fallo en la credencial de usuario.

6. Una vez creada una credencial, el cliente envía la cabecera *Authorization* siempre que acceda a la zona restringida realizando algún tipo de petición. Esta información se almacena en el cliente y puede caducar tras un tiempo si así se ha definido. Si el cliente se comunica con distintos servidores, para cada uno de ellos mantendrá una credencial distinta.

Para guardar las preferencias de un usuario en el cliente, se hace uso de las denominadas *cookies*: son segmentos de información que el servidor envía al navegador y son devueltas sin modificar cuando se visita el mismo sitio. Tienen diversos usos:

- Identifican a un usuario durante una sesión.

- Evita que se introduzcan el nombre de usuario y contraseña cuando se accede a un sitio (baja seguridad).

- Puesto que identifican al usuario, se puede asociar un conjunto de preferencias preestablecidas para así personalizar la información que se le presenta.

- Son un mecanismo para llevar a cabo publicidad enfocada. Al identificar el usuario, es posible ofrecer publicidad de su gusto.

Las cookies presentan algunos problemas de privacidad:

- Se identifica usuario y preferencia.

- Existe el peligro de compartir datos de usuarios con terceros.

- Un ordenador puede ser utilizado por terceras personas y si se han usado cookies como mecanismo para guardar datos de usuarios y contraseñas, el acceso a distintos sitios protegidos está comprometido.

El funcionamiento de las cookies es el siguiente:

1. El cliente realiza una petición a un determinado sitio:

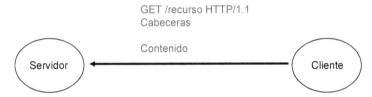

Figura 1.17. Petición del cliente.

2. El servidor incluye la cabecera Set-Cookie:

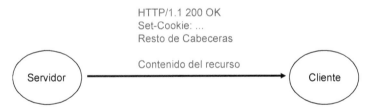

Figura 1.18. Envío de la cabecera Set-Cookie al cliente.

La sintaxis de la cabecera Set-Cookie es:

Set-Cookie: NAME=VALUE; expires=DATE; path=PATH;
domain=NAME; secure

NAME=VALUE	Secuencia de caracteres exceptuando coma, punto y coma y espacio en blanco.
expires=DATE	Especifica el tiempo de validez para la cookie. Si no aparece, se interpreta que la cookie debe terminar con la sesión (RFC2616).
path=PATH	Especifica un subconjunto dentro del URL donde la cookie es válida.
secure	Solo se usa con HTTPS
domain=NAME	Dominio para el cual es válido.

3. Cuando el cliente recibe la respuesta, guarda los datos contenidos en la cabecera Set-Cookie en un archivo.

4. En sucesivas peticiones, el cliente envía al servidor los datos haciendo uso de la cabecera Cookie:

```
GET /recurso HTTP/1.1
Cookie: NAME=VALUE;...
Cabeceras
```

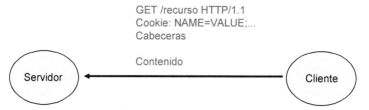

Figura 1.19. Envío de las cookies al servidor.

El siguiente ejemplo de la figura 1.20 refleja como el servidor envía información a través de la cabecera *Set-Cookie* al navegador para que éste la guarde. En este caso, se envía el parámetro "usuario" con valor "1234". Su fecha de caducidad es 28 de abril de 2002. Junto a esta cabecera, se envía el resto del recurso solicitado al servidor.

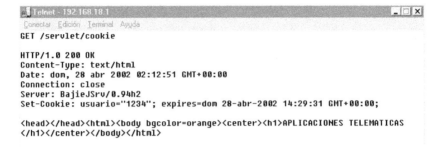

```
GET /servlet/cookie

HTTP/1.0 200 OK
Content-Type: text/html
Date: dom, 28 abr 2002 02:12:51 GMT+00:00
Connection: close
Server: BajieJSrv/0.94h2
Set-Cookie: usuario="1234"; expires=dom 28-abr-2002 14:29:31 GMT+00:00;

<head></head><html><body bgcolor=orange><center><h1>APLICACIONES TELEMATICAS
</h1></center></body></html>
```

Figura 1.20.

1.2. Extensible Markup Language (XML)

XML es un lenguaje que permite definir lenguajes de marca adecuados a un tipo específico de contenido. Se ha diseñado para proporcionar un mecanismo que permita describir la información, proporcionando una estructura al documento. XML resuelve algunos problemas que plantea el uso de HTML, como son:

- Distinta apariencia según versión o tipo de navegador.

- En ocasiones se usa como lenguaje de formato (presentación) en vez de lenguaje para definir contenidos, se indica cómo se representa la información, no lo que realmente es.

- Sólo se le da un uso: páginas web.

- Resulta insuficiente a la hora de definir contenidos específicos.

Esto no quiere decir que XML sea un sustituto de HTML, ambos van a coexistir. Supongamos que se quiere crear un documento donde se desea guardar direcciones postales de distintos usuarios. Si se hace uso de HTML, se tendría un documento parecido al siguiente:

22

```
<p><b>Nombre1 Apellido1</b>
<br>
Alfonso X El Sabio,28
<br>
23700,Linares (Jaén)
</p>
```
Si hacemos uso de una versión con un vocabulario basado en XML:

```
<direccion>
<nombre>Nombre1 Apellido1</nombre>
<calle>Alfonso X El Sabio,28</calle>
<cod.postal>23700</cod.postal>
<ciudad>Linares</ciudad>
<provincia>Jaen</provincia>
</direccion>
```

La segunda versión del documento tiene más significado, es más interpretable al haber usado un lenguaje cercano al tipo de contenido. Se puede destacar como ventajas de XML las siguientes:

- Fácilmente procesable por máquinas y humanos.

- Separa la información (contenido) de su presentación (formato). Definiendo distintas presentaciones, un mismo documento puede visualizarse de distintas formas.

- Formato ideal para transacciones B2B (business-to-business).

- Permite técnicas de extracción de información y minería de datos.

- Las estrictas reglas para la composición de un documento XML permite su fácil análisis sintáctico.

Los lenguajes específicos basados en XML son llamados *vocabularios*. Se definen mediante un *DTD* (Document Type Definition) o un *Schema*, describiendose en éstos los elementos, atributos, modelos de contenido y entidades que componen el vocabulario XML. Utilizando las pautas especificadas en DTD y Schemas se generan los *documentos*. El siguiente ejemplo muestra un vocabulario XML para describir circuitos electrónicos.

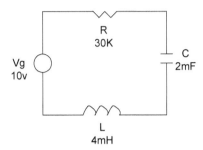

Figura 1.21. Circuito descrito mediante un vocabulario XML.

Se pretende crear un documento formado por elementos de un vocabulario XML adaptado a la descripción de circuitos electrónicos. La solución propuesta es la siguiente:

```
<?xml version="1.0"?>
<!DOCTYPE electronica SYSTEM "electronica.dtd">
<electronica>
<circuito>
 <descripcion> filtro </descripcion>
 <generador tipo="sin" valor="10v"/>
  <resistencia> 30K </resistencia>
  <condensador> 2mF   </condensador>
  <inductancia>  4mH </inductancia>
</circuito>
</electronica>
```

El vocabulario se ha llamado *electronica*, y está compuesto por los elementos {*circuito, descripción, generador, resitencia, condensador, inductancia*}. Haciendo uso de este vocabulario, se crea el documento propuesto. Las dos primeras líneas del documento constituyen el Prólogo:

```
<?xml version="1.0"?>
<!DOCTYPE electronica SYSTEM "electronica.dtd">
```

Todo documento XML tiene una primera línea llamada declaración XML, tal como:

<?xml version="1.0"?>

<!DOCTYPE electronica SYTEM "electronica.dtd"> es la *declaración de tipo de documento*, donde se indica el archivo que contiene el DTD o el Schema que define el vocabulario. Más adelante se describe el contenido de este archivo "electronica.dtd".

El resto del documento, se denomina *contenido del documento* y está constituido principalmente por *elementos, atributos* y *secciones*. A continuación vamos a estudiar los distintos componentes que forman el documento: elementos, atributos y secciones.

ELEMENTOS

Los elementos XML pueden tener contenido (más elementos, caracteres o ambos a la vez) o bien ser elementos vacíos. Siempre empieza con <*etiqueta*> (puede contener atributos) y termina con </*etiqueta*>. Unos ejemplos se muestran en la figura 1.22. En el primer caso, el elemento generador no tiene contenido, pero si dos atributos (tipo y valor).

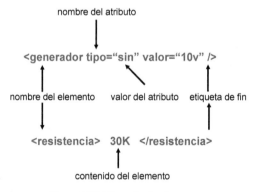

Figura 1.22. Ejemplo de elementos.

25

ATRIBUTOS

Los elementos pueden tener atributos. Es una manera de incorporar propiedades a los elementos de un documento. Los atributos estan delimitados con comillas dobles (") o comillas simples ('). Un elemento con contenido puede modelarse como un elemento vacío con atributos:

...
<generador><tipo>sin</tipo><valor>10v</valor></generador>
....
<generador tipo="sin"><valor>10v</valor></generador>
....
<generador tipo="sin" valor="10v"/>

SECCIONES CDATA

Permiten especificar datos utilizando cualquier carácter. Tienen la característica de no ser interpretados como marca XML. Empiezan por "<![CDATA[" y terminan con la cadena "]]>". Las secciones no se pueden anidar. Un ejemplo se muestra a continuación:

```
<?xml version="1.0"?>
<electronica>
<![CDATA[
  <HTML>
    <HEAD>
      <TITLE>Aplicaciones Telematicas</TITLE>
    </HEAD>
  <HTML>
]]>
</electronica>
```

1.2.1. Documentos bien formados

Los elementos existentes en un documento XML deben seguir una estructura estrictamente jerárquica, cumpliendo una serie de reglas:

- Sólo puede existir un elemento raíz.

- Los elementos deben estar correctamente anidados.

- Los elementos no pueden solaparse entre ellos.

- Deben estar correctamente cerrados.

- Los valores de los atributos deben ir entre comillas. Se puede usar comilla simple (') si el valor contiene comillas dobles (").

Si se cumplen estas reglas, el documento XML se denomina *bien formado*. Un ejemplo de documento bien formado es:

```
<?xml version="1.0" ?>
<circuito>
<resistencia>30K</resistencia>
<condensador>2mF</condensador>
</circuito>
```

Por el contrario, un ejemplo de documento mal formado se muestra a continuación, donde no hay elemento raíz y los elementos no están correctamente anidados:

```
<?xml version="1.0" ?>
<resistencia>30K<condensador>
</resistencia>2mF</condensador>
```

Otro ejemplo de documento mal formado, donde no existe elemento raíz, es:

```
<?xml version="1.0" ?>
<resistencia>30K</resistencia>
<condensador>123456789>/condensador>
```

XML trata a las mayúsculas y las minúsculas como caracteres diferentes. Si no se respeta, pueden aparecer problemas de solapamiento en los documentos:

27

```
<?xml version="1.0" ?>
<electronica>
 <circuito>
  <Resistencia>30K</resistencia>
  <resistencia>10K</Resistencia>
  <condensador>2mF</condensador>
 </circuito>
</electronica>
```

El elemento <Resistencia> es distinto a <resistencia>. Si se observa el ejemplo, se ha roto la jerarquía en el documento por culpa de no respetar mayúsculas y minúsculas.

1.2.2. Definición de tipo de documento

La definición de tipo de documento o DTD se usa para construir un lenguaje XML. Contiene un conjunto de reglas sintácticas que definen los elementos, atributos y cómo se relacionan. Presentan un problema: este documento no está formado por elementos pertenecientes a un vocabulario XML, no siguen una sintaxis propia de XML. Por ello se plantea una propuesta alternativa a ellos, los denominados Schemas.

Los DTD pueden residir en un fichero externo, o estar contenidos en el propio documento XML. No es obligatorio que un documento XML lleve asociado un DTD. Todo documento XML que se ajusta a su DTD se denomina *documento válido*. Aquellos documentos que no tienen DTD no son válidos, esto no quiere decir que no sea correcto o bien formado. A continuación se presentan un ejemplo sin DTD y otro con DTD:

Sin DTD

```
<?xml version="1.0"?>
<electronica>
<circuito>
 <descripcion> filtro </descripcion>
 <generador tipo="sin" valor="10v"/>
 <resistencia> 30K </resistencia>
 <condensador> 2mF  </condensador>
```

```
<inductancia> 4mH </inductancia>
</circuito>
</electronica>
```

Con DTD

```
<?xml version="1.0"?>
<!DOCTYPE electronica SYSTEM "electronica.dtd">
<electronica>
<circuito>
 <descripcion> filtro </descripcion>
 <generador tipo="sin" valor="10v"/>
 <resistencia> 30K </resistencia>
 <condensador> 2mF   </condensador>
 <inductancia> 4mH </inductancia>
</circuito>
</electronica>
```

---

electronica.dtd

```
<!ELEMENT electronica (circuito+)>
<!ELEMENT circuito (descripcion?,generador+,resistencia*,
                    condensador*,inductancia*)>
<!ELEMENT descripcion (#ANY)>
<!ELEMENT resistencia (#PCDATA)>
<!ELEMENT condensador (#PCDATA)>
<!ELEMENT inductancia (#PCDATA)>
<!ELEMENT generador EMPTY>
<!ATTLIST generador tipo (sin|cos) #REQUIRED valor CDATA
#REQUIRED>
```

En los DTD se usan modificadores de frecuencia:

+   1 o más veces

*   0 o más veces

?   0 o 1 vez

1.2.3. Espacios de nombres

Los espacios de nombres se definen cuando se usan elementos que pertenecen a distintos vocabularios en un mismo documento XML. La aplicación que procesa el documento debe soportarlos. Un escenario donde se usan es en las transformaciones XSLT. Para definir un espacio de nombres hay que añadir el prefijo "*xmlns*". Veamos un ejemplo:

```
<?xml version='1.0'?>
<xsl:stylesheet version="1.0"
       xmlns:xsl="http://www.w3.org/1999/XSL/Transform">
...
```

No existe conflicto cuando un documento usa un nombre de elemento que existe en los XSD o DTD referenciados. Un nombre de elemento puede tener varias definiciones, para ello se pueden definir varios prefijos. En el siguiente ejemplo, el elemento <a> pertenece a dos vocabularios distintos:

```
<xsl:stylesheet version="1.0"
xmlns:xsl=http://www.w3.org/1999/XSL/Transform
xmlns = http://www.w3.org/TR/xhtml11/DTD/xhtml11.dtd
xmlns:otro=http://www.ejemplo.org/otro.dtd>
    ...
  <html>
    <a href=http://www.ujaen.es>UJAEN</a>
    ...
    <otro:a>Contenido del elemento del vocabulario otro</otro:a>
    ...
  </html>
  <xsl:value-of select="./size"/>
</xsl:stylesheet>
```

1.2.4. Schemas XML

Los DTD presentan inconvenientes como son:

- La sintaxis de los documentos DTD no está basada en un vocabulario XML.

- Capacidad limitada de los tipos de datos. Por ejemplo, no se puede conseguir que un elemento aparezca un número determinado de veces, limitar el valor de un tipo en un rango, etc.

Como alternativa se presentan los Schemas, basados en un vocabulario XML. Una de las ventajas es que permiten especificar los tipos de datos de un vocabulario. Utilizando Schemas se definen:

- Los elementos de un vocabulario XML.

- Cómo están organizados, el modelo de contenido.

- Los atributos y tipos de los mismos.

En el ejemplo de DTD mostrado en la página 29 (electronica.dtd) se define un vocabulario denominado *electronica*. Este vocabulario está formado por los elementos {electronica, circuito, generador, inductancia, resistencia, descripción, condensador}, tal como muestra la figura 1.23. El DTD se escribe utilizando una serie de elementos como {ELEMENT, ATTLIST, ENTITY, etc.} que no pertenecen a un vocabulario basado en XML.

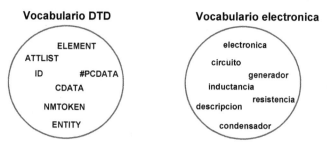

Figura 1.23. Vocabulario DTD.

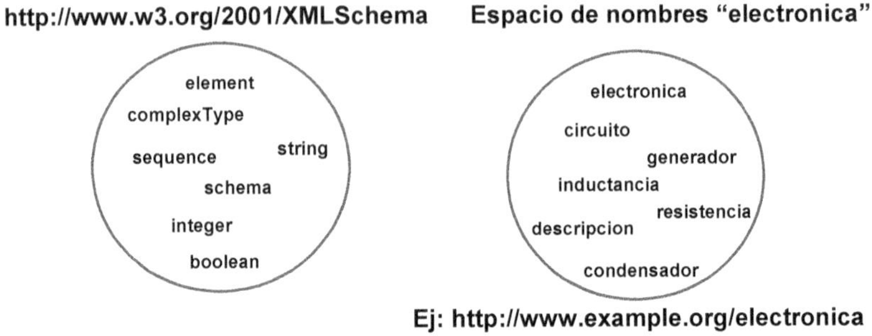

http://www.w3.org/2001/XMLSchema　　**Espacio de nombres "electronica"**

element
complexType
sequence　　string
schema
integer
boolean

electronica
circuito
generador
inductancia
resistencia
descripcion
condensador

Ej: http://www.example.org/electronica

Figura 1.24. Vocabulario Schema.

Una diferencia entre los schemas y DTDs, es que el vocabulario de los schemas está asociado a un espacio de nombres. El vocabulario que se define también estará asociado a un espacio de nombres (figura 1.24). A continuación se presenta un ejemplo donde se define un vocabulario usando un DTD y su equivalente con Schemas.

```
<?xml version="1.0"?>
<xsd:schema xmlns:xsd="http://www.w3.org/2001/XMLSchema"
            targetNamespace="http://www.example.org/electronica"
            xmlns="http://www.example.org/electronica"
            elementFormDefault="qualified">
```

```
<xsd:element name="electronica">
    <xsd:complexType>
      <xsd:sequence>
        <xsd:element ref="circuito" minOccurs="1"
                                    maxOccurs="unbounded"/>
      </xsd:sequence>
    </xsd:complexType>
  </xsd:element>
```

<!ELEMENT electronica (circuito+)>

```
<xsd:element name="circuito">
    <xsd:complexType>
        <xsd:sequence>
            <xsd:element ref="descripcion" minOccurs="0"
                                            maxOccurs="1"/>
            <xsd:element ref="generador" minOccurs="1"
                                            maxOccurs="unbounded"/>
            <xsd:element ref="resistencia" minOccurs="1"
                                            maxOccurs="unbounded"/>
            <xsd:element ref="condensador" minOccurs="0"
                                            maxOccurs="unbounded"/>
            <xsd:element ref="inductancia" minOccurs="0"
                                            maxOccurs="unbounded"/>
        </xsd:sequence>
    </xsd:complexType>
</xsd:element>
```

```
<!ELEMENT circuito(descripcion?,generador+,resistencia*,condensador*,
                                                    inductancia*)>
```

```
<xsd:element name="descripcion" type="xsd:string"/>
<xsd:element name="resistencia" type="xsd:string"/>
<xsd:element name="condensador" type="xsd:string"/>
<xsd:element name="inductancia" type="xsd:string"/>
```

```
<!ELEMENT descripcion (#PCDATA)>
<!ELEMENT resistencia (#PCDATA)>
<!ELEMENT condensador (#PCDATA)>
<!ELEMENT inductancia (#PCDATA)>
```

```
<xsd:element name="generador">
    <xsd:complexType>
    <xsd:attributeGroup ref="atributosgenerador"/>
    </xsd:complexType>
</xsd:element>
```

```
<!ELEMENT generador EMPTY>
```

```
<xsd:attributeGroup name="atributosgenerador">
    <xsd:attribute name="tipo" use="required">
        <xsd:simpleType>
            <xsd:restriction base="xsd:string">
                <xsd:enumeration value="sin"/>
                <xsd:enumeration value="cos"/>
            </xsd:restriction>
        </xsd:simpleType>
    </xsd:attribute>
    <xsd:attribute name="valor" use="required" type="xsd:string"/>
</xsd:attributeGroup>
```

<!ATTLIST generador tipo (sin|cos) #REQUIRED valor CDATA

</xsd:schema>

Se observa como existe un nodo raíz, llamado <*schema*>, que pertenece al vocabulario que contiene los elementos para crear schemas, tal y como muestra la figura 1.25. El atributo targetNamespace que aparece en el elemento <*schema*> indica el nombre del nuevo lenguaje (figura 1.26). Junto con el espacio de nombres Schema, aparece el espacio de nombres del nuevo vocabulario, tal y como se muestra en la figura 1.27. Todos los elementos que no tengan prefijo pertenecen al nuevo vocabulario. El valor "qualified" del atributo elementFormDefault indica que todo elemento usado en un documento XML y que ha sido declarado en el schema debe pertenecer a un espacio de nombres.

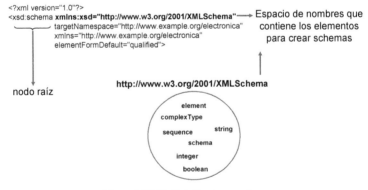

Figura 1.25. Definición de un schema.

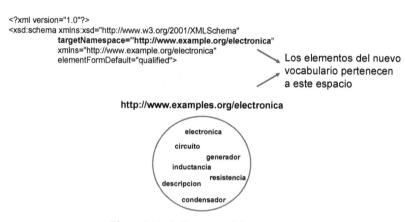

Figura 1.26. Atributo targetNamespace.

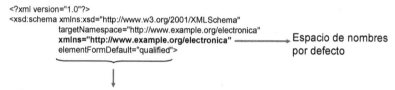

Figura 1.27. Espacio de nombres por defecto.

El atributo targetNamespace es opcional. A la hora de definir el schema, puede realizarse de la siguiente forma:

```
<?xml version="1.0"?>
<xsd:schema xmlns:xsd="http://www.w3.org/2001/XMLSchema"
            elementFormDefault="qualified">
```

Consecuencias de no tener un espacio de nombres:

- En un documento XML, los elementos no pertenecen a un espacio de nombres cualificado.

- En el documento XML, hay que usar noNamespaceSchemaLocation en vez de schemaLocation.

A la hora de crear un documento con un lenguaje definido mediante un schema, la forma de incluir éste para poder validarlo es la siguiente:

```
<?xml version="1.0"?>
<electronica xmlns="http://www.example.org/electronica"        [1]
  xmlns:xsi="http://www.w3.org/2001/XMLSchema-instance"        [2]
  xsi:schemaLocation="http://www.example.org/electronica
  electronica.xsd ">                                           [3]

  <circuito>
    <descripcion> filtro </descripcion>
    <generador tipo="sin" valor="10v"/>
    <resistencia> 30K </resistencia>
    <condensador> 2mF  </condensador>
    <inductancia>  4mH </inductancia>
  </circuito>
</electronica>
```

1. Usando un espacio de nombres, se indica al validador del schema que los elementos usados pertenecen al espacio de nombres, http://www.example.org/electronica.

2. Se indica al validador que el atributo '*schemaLocation*' pertenece al espacio de nombres: http://www.w3.org/2001/XMLSchema-instance

3. Con '*schemaLocation*' se indica que el espacio de nombres llamado http://www.example.org/electronica ha sido definido en el archivo: electronica.xsd.

Si no se hace uso de targetNamespace, la referencia al schema donde se define el vocabulario se incluye en el documento XML como se indica a continuación:

```
<?xml version="1.0"?>
<electronica xmlns:xsi="http://www.w3.org/2001/XMLSchema-
instance"  xsi:noNamespaceSchemaLocation= "electronica.xsd">
  <circuito>
    <descripcion> filtro </descripcion>
    <generador tipo="sin" valor="10v"/>
    <resistencia> 30K </resistencia>
```

```
<condensador> 2mF  </condensador>
<inductancia>  4mH </inductancia>
</circuito>
...
</electronica>
```

A la hora de validar el documento XML, en primer lugar se valida si electronica.xsd es un schema válido acorde a las reglas definidas en XMLSchema.xsd. A continuación se valida el documento XML con el vocabulario definido en electronica.xsd (figura 1.28).

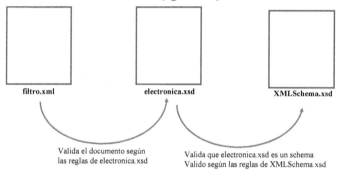

Figura 1.28. Validación de un documento XML.

Con los schemas se definen los elementos y atributos de un vocabulario y se establece el modelo de contenido (cómo se relacionan los elementos entre sí). A continuación se presentan algunos ejemplos.

MODELO DE CONTENIDOS

Los siguientes ejemplos ilustran como se relacionan elementos sencillos para crear elementos más complejos. En el primero de ellos, se define un elemento llamado <teleco> formado por una selección exclusiva entre los elementos <telematica>, <comunicaciones> y <electronica>. En el DTD debe apareaer una línea tal como:

37

<!ELEMENT teleco (telematica | comunicaciones | electronica)>

Su equivalente usando schemas sería:

```
<?xml version="1.0"?>
<xsd:schema xmlns:xsd="http://www.w3.org/2001/XMLSchema"

targetNamespace="http://www.example.org/telecomunicacion"
             xmlns="http://www.example.org/telecomunicacion"
             elementFormDefault="qualified">
   <xsd:element name="teleco">
     <xsd:complexType>
       <xsd:choice>
         <xsd:element name="telematica" type="xsd:string"/>
         <xsd:element name="comunicaciones" type="xsd:string"/>
         <xsd:element name="electronica" type="xsd:string"/>
       </xsd:choice>
     </xsd:complexType>
   </xsd:element>
</xsd:schema>
```

En el siguiente ejemplo se define un elemento llamado <binary-string>, formado por cero o más repeticiones del elemento <cero> o el elemento <uno>:

<!ELEMENT binary-string (cero | uno)*>

Esta línea tiene su traducción a schema de la siguiente forma:

```
<?xml version="1.0" encoding="UTF-8"?>
<xsd:schema xmlns:xsd="http://www.w3.org/2001/XMLSchema"
             targetNamespace="http://www.example.org/binario"
             xmlns="http://www.example.org/binario"
             elementFormDefault="qualified">
   <xsd:element name="binary-string">
```

```
<xsd:complexType>
    <xsd:choice minOccurs="0" maxOccurs="unbounded">
        <xsd:element name="cero" type="xsd:unsignedByte"/>
        <xsd:element name="uno" type="xsd:unsignedByte"/>
    </xsd:choice>
</xsd:complexType>
</xsd:element>
</xsd:schema>
```

En este tercer y último ejemplo se define un elemento <persona> formado por una secuencia compleja de elementos que se repiten cero o más veces:

<!ELEMENT persona ((trabaja, come)*, (juega | lee), duerme)* >

Si se utiliza un schema equivalente, el código que hay que incluir es:

```
<xsd:element name="persona">
    <xsd:complexType>
        <xsd:sequence minOccurs="0"    maxOccurs="unbounded">
            <xsd:sequence minOccurs="0" maxOccurs="unbounded">
            <xsd:element name="trabaja" type="xsd:string"/>
            <xsd:element name="come"   type="xsd:string"/>
        </xsd: sequence>
        <xsd:choice>
            <xsd:element name="juega" type="xsd:string"/>
            <xsd:element name="lee" type="xsd:string"/>
        </xsd:choice>
        <xsd:element name="duerme" type="xsd:string"/>
        </xsd:sequence>
    </xsd:complexType>
</xsd:element>
```

ATRIBUTOS

Mediante schemas se pueden definir atributos, igual que en los DTD. En el siguiente ejemplo, se define un atributo llamado "tipo" para el elemento

<generador>. Este atributo puede tomar los valores "sin" o "cos" (sin | cos), siendo obligatorio su uso (#REQUIRED):

<!ATTRIBUTE generador tipo (sin | cos)   #REQUIRED valor CDATA #REQUIRED>

Su equivalente con un schema es:

```
<xsd:attributeGroup name="atributosgenerador">
    <xsd:attribute name="tipo" use="required">
        <xsd:simpleType>
          <xsd:restriction base="xsd:string">
            <xsd:enumeration value="sin"/>
            <xsd:enumeration value="cos"/>
          </xsd:restriction>
        </xsd:simpleType>
    </xsd:attribute>
    <xsd:attribute name="valor" use="required" type="xsd:string"/>
</xsd:attributeGroup>
```

La declaración de atributo se realiza después de la declaración de elemento, tal y como ilustra el siguiente ejemplo:

```
<xsd:element name="circuito">
  <xsd:complexType>
    <xsd:sequence>
      <xsd:element ref="descripcion" minOccurs="0" maxOccurs="1"/>
      <xsd:element ref="generador"   minOccurs="1"
                                      maxOccurs="unbounded"/>
      <xsd:element ref="resistencia"   minOccurs="1"
                                      maxOccurs="unbounded"/>
      <xsd:element ref="condensador" minOccurs="0"
                                       maxOccurs="unbounded"/>
      <xsd:element ref="inductancia"   minOccurs="0"
                                      maxOccurs="unbounded"/>
    </xsd:sequence>
    <xsd:attributeGroup ref="atributosgenerador"/>
  </xsd:complexType>
</xsd:element>
```

Los siguientes ejemplos tienen como objetivo practicar con la definición de atributos. En el Ejemplo1, se define un elemento <elevacion> con un contenido entero y tiene un atributo "unidad" cuyo valor es una cadena alfanumérica. En el Ejemplo 2, el elemento <elevacion> tiene un contenido entero en el intervalo [0,3000] y el valor del atributo "unidad" es "metros" o "pies".

Ejemplo 1

El elemento <elevacion> tiene un contenido entero y un atributo llamado 'unidad' cuyo valor es alfanumérico.

Solución 1

```
<xsd:element name="elevacion">
   <xsd:complexType>
     <xsd:simpleContent>
       <xsd:extension base="xsd:integer">
         <xsd:attribute name="unidad" type="xsd:string" use="required"/>
       </xsd:extension>
     </xsd:simpleContent>
   </xsd:complexType>
</xsd:element>
```

Ejemplo 2

El elemento <elevación> tiene un contenido entero en el intervalo [0,3000] y un atributo ('unidad') cuyo valor es "metros" o "pies".

Solución 2

```
<xsd:simpleType name="tipoelevacion">
   <xsd:restriction base="xsd:integer">
     <xsd:minInclusive value="0"/>
     <xsd:maxInclusive value="3000"/>
   </xsd:restriction>
</xsd:simpleType>
```

41

```
<xsd:simpleType name="tipounidad">
  <xsd:restriction base="xsd:string">
    <xsd:enumeration value="pies"/>
    <xsd:enumeration value="metros"/>
  </xsd:restriction>
</xsd:simpleType>

<xsd:element name="elevacion">
  <xsd:complexType>
    <xsd:simpleContent>
      <xsd:extension base="tipoelevacion">
       <xsd:attribute name="unidad" type="tipounidad" use="required"/>
      </xsd:extension>
    </xsd:simpleContent>
  </xsd:complexType>
</xsd:element>
```

1.3. Transformación de documentos XML

XML nos permite realizar una transformación de un documento expresado en un vocabulario XML a otro que hace uso de otro vocabulario. Para ello se utilizan documentos de transformación XSL: definen como se accede a la información existente en un documento XML y la transformación que se llevará a cabo. Está formado por elementos que pertenecen a dos vocabularios:

- XSLT (XML Stylesheets Transformation Language).

- XPATH, que permite localizar elementos en un documento.

La transformación de un documento XML se realiza en el servidor o en el cliente.

ELEMENTOS XSLT

Existen distintos elementos que pertenecen al vocabulario XSLT para realizar la transformación de documentos XML. Los más importantes son los siguientes:

`<xsl:stylesheet>`	Es el elemento raíz de la hoja de estilo.
`<xsl:template match="patron">`	Define un patrón para un cierto número de nodos de un tipo.
`<xsl:apply-templates select="patron" />`	Indica al procesador que busque un patrón adecuado para el tipo de nodo seleccionado.
`<xsl:value-of select="patron" />`	Inserta el valor del nodo seleccionado como texto.
`<xsl:attribute name>`	Crea un atributo y lo añade al elemento de salida.
`<xsl:element name="patron">`	Crea un elemento con el nombre indicado.
`<xsl:for-each order-by="criterio" select="patron">`	Repite una plantilla de forma iterativa.
`<xsl:if test="expresion booleana">`	Realiza un test, y ejecuta una plantilla condicionalmente.

`<xsl:choose>`
 `<xsl:when`
    `test="expresion1"/></xsl:when>`
 `<xsl:when`
    `test="expresion1"/></xsl:when>`
   `. . .`
 `<xsl:otherwise>`
   `. . .`
 `</xsl:otherwise>`
`</xsl:choose>`
	Para realizar condiciones múltiples.

ELEMENTOS XPATH

Existen distintos elementos que pertenecen al vocabulario XPATH para especificar patrones. Algunos de ellos son:

/   Especifica hijo inmediato. Puede ser la raíz.

//   Selecciona cualquier profundidad dentro del árbol

.   Selecciona el contexto actual.

*   Selecciona todos los elementos en el contexto actual.

@   Selecciona un atributo.

@*   Selecciona todos los atributos en el contexto actual.

Usando como ejemplo el vocabulario electrónica, podemos estudiar algunos casos:

- Si se desea seleccionar todos los elementos "resistencia" del circuito a partir del contexto actual:

  circuito/resistencia

- Para seleccionar todos los elementos "condensador" que estén por debajo del elemento "electronica":

  electronica//condensador

- Si se quiere seleccionar todos los elementos "resistencia" que estén por debajo un nivel de los elementos "electronica":

  electronica/*/resistencia

- Selecciona todos los atributos "tipo" de elementos "generador" situado por debajo del contexto actual:

  ./generador/@tipo

A continuación se presenta un ejemplo de XSL para realizar una transformación de un documento XML. El documento original, llamado enlaces.xml, contiene información de algunos recursos existentes en Internet. Se transformará en otro documento expresado en XHTML. Al visualizar el documento transformado, presenta un aspecto como el mostrado en la figura 1.29.

enlaces.xml

```
<?xml version='1.0'?>
<?xml-stylesheet href="enlaces.xsl" type="text/xsl"?>
<enlaces>
  <a href="http://himilce.ujaen.es" titulo="Servidor AIT"/>
  <a href="http://www.ujaen.es" titulo="Universidad de Jaen"/>
  <a href="http://www.google.com" titulo="Buscador Google"/>
</enlaces>
```

enlaces.xsl

```
<?xml version='1.0'?>
<xsl:stylesheet version="1.0"
  xmlns:xsl="http://www.w3.org/1999/XSL/Transform">
<xsl:template match="/">
  <html><body><ul>
    <xsl:for-each select="/enlaces/a">
      <li><a>
        <xsl:attribute name="href">
        <xsl:value-of select="./@href"/> </xsl:attribute>
        <xsl:value-of select="./@titulo"/>
      </a></li>
    </xsl:for-each>
  </ul></body></html>
</xsl:template>
</xsl:stylesheet>
```

Figura 1.29. Aspecto del documento enlaces.xml transformado.

El siguiente ejemplo ilustra el uso de plantillas (templates) para realizar las transformaciones. El documento original se llama periodico.xml y contiene información de periódicos digitales. Se pretende realizar una transformación utilizando el archivo periodico.xsl para obtener un documento XHTML (figura 1.30).

periodico.xml

```
<?xml version="1.0"?>
<?xml-stylesheet href="periodico.xsl" type="text/xsl"?>
<periodico>
 <noticia>
  <titulo>Titular de la noticia</titulo>
   <autor>Nombre del autor</autor>
   <contenido> Contenido de la noticia...
   </contenido>
   <enlace href="http://www.periodico.es" titulo="Periodico"/>
 </noticia>
</periodico>
```

periodico.xsl

```
<?xml version='1.0'?>
<xsl:stylesheet version="1.0"
   xmlns:xsl="http://www.w3.org/1999/XSL/Transform">
<xsl:template match='/'>
  <html>
    <head><title>Ejemplo de XSL</title></head>
    <body>
      <h1> El Matinal </h1>
      <xsl:apply-templates select="/periodico/noticia/titulo"/>
      <xsl:apply-templates select="/periodico/noticia/autor"/>
      <xsl:apply-templates select="/periodico/noticia/contenido"/>
      <xsl:apply-templates select="/periodico/noticia/enlace"/>
    </body> </html>
 </xsl:template>

<xsl:template match='titulo'>
   <h2><xsl:value-of select='.'/></h2><br/>
</xsl:template>

<xsl:template match='autor'>
   <small><b><xsl:value-of select='.'/></b></small>
</xsl:template>
<xsl:template match='contenido'>
   <b><xsl:value-of select='.'/></b>
</xsl:template>

<xsl:template match='enlace'>
  <br/><br/><a>
  <xsl:attribute name="href">
  <xsl:value-of select="./@href"/> </xsl:attribute>
  <xsl:value-of select="./@titulo"/>
  </a>
 </xsl:template>
</xsl:stylesheet>
```

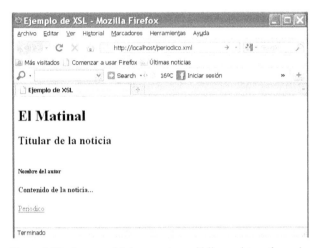

Figura 1.30. Aspecto del documento periódico.xml transformado.

1.4. Proceso de documentos XML

Es posible procesar los documentos XML y obtener los valores de los elementos y atributos contenidos en ellos. Existen dos tipos de procesadores: SAX (Simple Api for XML) y DOM (Document Object Model).

Los procesadores SAX usan un modelo de eventos, esto implica un menor gasto de memoria. Son buenos si se necesita procesar una parte del documento.

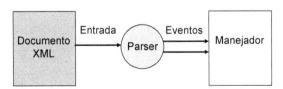

Figura 1.31. Procesador SAX.

Los procesadores DOM compilan el documento en una estructura interna en forma de árbol. Son buenos para editar el documento. Eficientes si se necesita efectuar múltiples procesados, ya que evitan analizar de nuevo el documento.

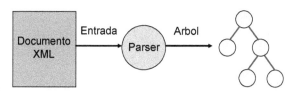

Figura 1.32. Procesador DOM.

Ejemplo de procesador SAX

El siguiente ejemplo muestra el proceso de un documento XML utilizando un procesador SAX. Sea un archivo llamado servidor.xml que contiene la configuración de una aplicación de servidor. La información está expresada en un lenguaje basado en XML denominado *jukebox-app*. Su contenido se muestra a continuación:

```
<?xml version="1.0" encoding="ISO-8859-1"?>
<!DOCTYPE jukebox-app SYSTEM "jukebox-app_1_0.dtd">
<jukebox-app>
  <description>Configuracion Jukebox 1.0</description>
  <server-config>
    <ServerName>127.0.0.1</ServerName>
    <Port>23700</Port>
    <DocumentRoot>c:/jukebox/wwwdocs/</DocumentRoot>
    <DirectoryIndex>index.html</DirectoryIndex>
  </server-config>
<winamp-m3u>c:/bin/winamp/winamp.m3u</winamp-m3u>
  <sms-config>
    <ComPort>COM1</ComPort>
    <Params>9600,8,1,NOPAR</Params>
  </sms-config>
</jukebox-app>
```

Se pretende crear una aplicación capaz de leer el valor de los distintos elementos del archivo de configuración. Una posible solución es:

```
import java.io.*;
import java.util.*;
public class test{

  public static void main(String args[]){
    parser cfg=new parser();
    cfg.parse("./servidor.xml");
    System.out.println("IP del servidor: "+cfg.ServerName);
    System.out.println("Puerto utilizado: "+cfg.Port);
    System.out.println("Directorio de documentos: "+cfg.DocumentRoot);
  }
}
```

La solución es crear una clase llamada *parser*, que analice el contenido del docuento XML haciendo uso de un procesador SAX. En java existe una clase para este fin, la cual tiene definida los siguientes métodos:

- *startElement*. Recibe la notificación del inicio de un elemento. El método **startElement** se invoca automáticamente cada vez que el analizador encuentra un nuevo elemento en el documento XML. Este método tiene un parámetro (*qName*) que contiene el nombre del elemento. Dentro de este método podemos escribir el código necesario para el proceso de los distintos elementos.

- *endElement*. Recibe la notificación del fin de un elemento. Este método se invoca cuando se analiza el fin de un elemento. A través del parámetro qName se obtiene el valor del elemento.

- *characters*. Recibe la notificación del valor de un elemento. Cada vez que el analizador encuentra un contenido para un elemento dado, se ejecuta este método. Contiene parámetros donde se guarda el valor del contenido del elemento y la longitud en caracteres del mismo.

La definición de estos métodos es la siguiente:

```
// Recibe la notificación  del inicio de una elemento
public void startElement (String uri, String nombre, String qName,
                          Attributes atts) {
}

// Recibe la notificatión del fin de un elemento
public void endElement (String uri, String name, String qName) {
    if (qName.equals("ServerName")) {ServerName=value;}
    if (qName.equals("Port")) {Port=value;}
    if (qName.equals("DocumentRoot")) {DocumentRoot=value;}
    if (qName.equals("DirectoryIndex")) {DirectoryIndex=value;}
}

// Recibe la notificación de contenido de un elemento
public void characters (char ch[], int start, int length) {
    value = new String( ch, start, length);
}
```

Capítulo 2

Aplicaciones en el servidor

En este capítulo se presenta el desarrollo de aplicaciones web basadas en Java haciendo uso de distintos componentes. Una aplicación web se contempla como una colección de:

- Servlets Java.

- Documentos JSP.

- Componentes, clases y bibliotecas.

- Documentos XML.

- Imágenes, archivos multimedia, etc.

Los distintos componenetes basados en java siguen una colección de estandares que son implementados por distintos proveedores y fabricantes, sin obligar a utilizar un producto específico. Éstos son conocidos como J2EE (Java 2 Platform Entreprise Edition). Es una plataforma para crear aplicaciones de servidor, ofreciendo una manera de integrar y ofrecer las funcionalidades requeridas por la gran mayoría de sistemas empresariales.

Estas especificaciones permiten la creación de distintos tipos de aplicaciones como son:

- Acceso a sistemas de gestión de bases de datos, utilizando *JDBC*.

- Uso de directorios distribuidos, mediante *JNDI*.

- Acceso a métodos remotos con *RMI/CORBA*.

- Funciones de correo electrónico a través de *JavaMail*.

- Aplicaciones Web, usando *JSP* y *Servlets*.

Su uso ofrece una serie de servicios:

- *Servicios de seguridad*. Los clientes se deben autentificar en el servidor y éste es el responsable de darles acceso a sus diferentes componentes. El control de las partes del servidor a las que puede acceder un usuario se realiza mediante LDAP.

- *Mantenimiento de sesiones*.

- *Balance de cargas*. Permite a un grupo de servidores de aplicaciones trabajar como un cluster.

- *Lógica de negocio*. La lógica de negocio se realiza usando componentes a los que se puede asignar mecanismos de seguridad, persistencia, transacción y comportamientos paralelos.

- *Acceso a datos*. Los servidores proveen objetos de acceso a las bases de datos, realizan las conexiones y las mantienen activas.

- *Manejo de transacciones*. Se pueden crear transacciones que engloben a varios componentes y es el servidor el responsable de realizarlas.

No todos los servidores cumplen el estándar en su totalidad, otros por el contrario son considerados *Fully J2EE Compliant*, cumplen con todas las especificaciones definidas: este es el caso de *Websphere*. Algunas APIs recogidas en las especificaciones J2EE son:

- *JDBC*. Acceso a BBDD.

- *EJB* (Enterprise Java Beans). Componentes de servidor.

- *Servlets*.

- *JSP*.

- *JavaMail*. Para construir aplicaciones de e-mail.

- *JAF.* Se usa junto a JavaMail (determina contenidos MIME).

- *JAXP.* Para análisis XML y transformaciones XSLT.

- *JAXP-RCP.* Servicios web

- *JAXR.* Para registros en servicios web.

- *JAAS.* Para autentificación y autorización de aplicaciones J2EE.

- *RMI.* Usado en aplicaciones distribuidas.

- *JNDI.* Para acceso a servicios de directorio.

- *JMS.* Envío de mensajes entre aplicaciones.

2.1. Arquitectura de aplicaciones en J2EE

En la figura 2.1 se presenta la arquitectura J2EE, donde se observa como el conjunto de aplicaciones se divide en tres capas lógicas distintas:

- Capa de datos. Representa los datos del programa. No conoce otros niveles.

- Capa de presentación o cliente. Maneja la presentación visual de los datos. Genera una representación visual de la capa de datos y los muestra al usuario.

- Capa de negocio o lógica de negocio. Proporciona significado a las órdenes del usuario. Actúa sobre los datos representados por la capa de datos.

Se observa que los elementos pertenecientes a la lógica de negocio necesitan para su ejecución la actuación de aplicaciones especiales como son los contenedores web y contenedores EJB (Enterprise Java Beans). Las aplicaciones basadas en esta arquitectura usan el patrón *modelo-vista-controlador* (figura 2.2), correspondiendo la *capa de datos* con el *modelo*, la *lógica de negocio* con el *controlador* y la *capa de presentación* con la *vista*.

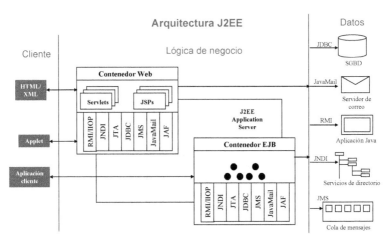

Figura 2.1. Arquitectura J2EE

La arquitectura MVC (Modelo/Vista/Controlador) se introdujo para facilitar la programación en la implementación de sistemas complejos, permitiendo la segmentación en distintos módulos del trabajo. Su característica principal es que el *modelo*, las *vistas* y el *controlador* se tratan como entidades diferenciadas, permitiendo que cualquier cambio que se efectúe en el *modelo* se refleje automáticamente en cada una de las *vistas*. Este modelo de arquitectura presenta varias ventajas:

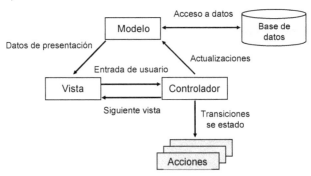

Figura 2.2. Arquitectura MVC: Modelo-Vista-Controlador.

- Hay una clara separación entre los componentes de un programa, lo cuál permite implementarlos por separado.

- Existen interfaces de programación (API) bien definidos, lo que permite reemplazar el *modelo*, la *vista* o el *controlador* en cualquier momento sin aparente dificultad.

- La conexión entre el *modelo* y sus *vistas* es dinámica, se produce en tiempo de ejecución, no en tiempo de compilación.

El *modelo* es el objeto que representa los datos del programa. Maneja datos y controla todas sus transformaciones. No tiene conocimiento específico de los controladores o de las vistas, ni siquiera contiene referencias a ellos. Es el propio sistema el que tiene encomendada la responsabilidad de mantener enlaces entre el modelo y sus vistas.

La *vista* es el objeto que maneja la presentación visual de los datos representados por el *modelo*. Genera una representación visual y muestra los datos al usuario.

El *controlador* es el objeto que proporciona significado a las órdenes del usuario, actuando sobre los datos representados por el modelo a través de una referencia al mismo.

2.2. Despliegue de aplicaciones web

Una aplicación web esta constituida por una colección de recursos que trabajan en conjunto. Los distintos componentes se organizan siguiendo una estructura de directorios como la mostrada en la figura 2.3.

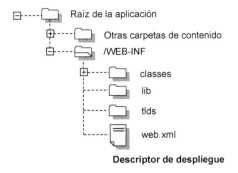

Figura 2.3. Elementos de una aplicación web.

En un servidor Apache Tomcat® las distintas aplicaciones se ubican a partir del directorio /*webapps*, tal y como muestra la figura 2.4. Cada una de las aplicaciones está contenida en un directorio que tiene la estructura reflejada en la figura 2.3.

Figura 2.4. Ubicación de aplicaciones en un servidor Apache Tomcat®.

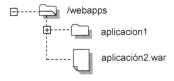

Figura 2.5. Aplicación WAR contenida en un servidor.

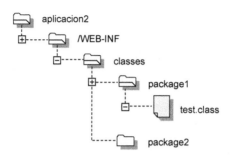

Figura 2.6. Ubicación de los servlets en una aplicación web.

Todo el directorio de la aplicación puede ir comprimido en un archivo para facilitar su distribución e instalación en distintos servidores de aplicaciones. Este tipo de archivos se llaman WAR (Web Application Archive) y se designan con una extensión *.war*. La figura 2.5 muestra un servidor que contiene dos aplicaciones: aplicacion1 y aplicacion2, estando esta última comprimida en un archivo aplicacion2.war. El contenedor o servidor de aplicaciones desempaqueta de manera automática el archivo WAR, generando la estructura de directorios original.

Dentro de una aplicación web, los servlets se ubican en la carpeta */WEB-INF/classes*, tal y como muestra la figura 2.6. Para invocar un servlet, se hace uso de un camino virtual llamado /servlet. Siguiendo con el ejemplo de la figura 2.6, una posible dirección del recurso *test* es:

> http://www.aatt.com:8080/aplicacion2/servlet/test

En toda aplicación aparece un archivo denominado *descriptor de* despliegue (web.xml). En él aparece la configuración de los servlets y recursos utilizados. Estos documentos están escritos utilizando un lenguaje basado en XML. El siguiente código refleja el contenido de un descriptor de despliegue donde se referencia un servlet, llamado *test* y que está implementado en la clase *package1.test*. Para nombrar el servlet se hace uso del elemento *<servlet-name>* y de la etiqueta *<servlet-class>* para vincularlo a la clase que lo implementa. Con *<servlet-mapping>* se indica el camino virtual que se usará para invocar el servlet. En el ejemplo, la ruta es */servlet/test*.

```
<?xml version="1.0"?>
<!DOCTYPE web-app PUBLIC
 "-//Sun Microsystems, Inc.//DTD Web Application 2.3//EN"
 "http://java.sun.com/dtd/web-app_2_3.dtd">
<web-app>
 <servlet>
     <servlet-name>test</servlet-name>
     <servlet-class>package1.test</servlet-class>
 </servlet>
   <servlet-mapping>
     <servlet-name>test</servlet-name>
     <url-pattern>/servlet/test</url-pattern>
   </servlet-mapping>
</web-app>
```

2.3. Elementos de la vista

En este apartado se van a estudiar distintos elementos utilizados para crear las vistas de una aplicación, siguiendo la arquitectura MVC. Concretamente estudiaremos dos: Servlets y JSP.

2.3.1. Servlets

Estan basados en Java y necesitan un servidor especial o contenedor para que se puedan ejecutar. Algunos de ellos son:

- Oracle Weblogic.
- Jrun.
- Apache Tomcat.
- WebSphere.
- Glassfish.

Los servlets son portables, soportados directamente en la mayoría de servidores. Su ejecución se realiza en un entorno restringido (llamado Sandbox) que les proporciona un alto nivel de seguridad, evitando comportamientos maliciosos. Los contenedores no tienen porqué actuar por separado, lo pueden hacer en conjunción con un servidor HTTP. Esto se refleja en la figura 2.7. En este caso, el servidor HTTP, recibe todas las peticiones de recursos, enviando al cliente aquellas que no se correspondan con un servlet. Cuando se trata de éstos, pasa el control al contenedor haciendo uso de protocolos específicos. El contenedor ejecutará los servlets y el resultado se devuelve al servidor HTTP para que envíe el mensaje de respuesta al cliente. La figura 2.7 muestra también la opción de los contenedores de recibir peticiones de recursos y devolverlos. Hay que señalar que un contenedor puede devolver recursos como son documentos HTML, XML, recursos multimedia, etc, al igual que un servidor HTTP estandar. Tradicionalmente han recibido la crítica de tener menos rendimiento que un servidor HTTP, de ahí la justificación de su uso colaborativo.

Los servlets pueden interactuar con otras aplicaciones o diferentes tipos de servidores, como pueden ser sistemas gestores de bases de datos, etc (mostrado en la figura 2.7).

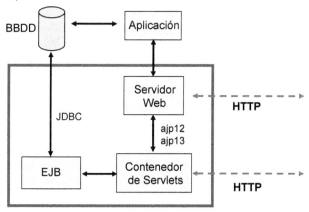

Figura 2.7. Servidor Web + contenedor de Servlets.

Un tipo de servlets son los que hacen uso de la clase *HttpServlet*. Ésta implementa la interfaz Servlet e incorpora métodos para entornos HTTP. Un uso típico es el proceso de formularios. Dispone de varios métodos, siendo los más importantes:

doGet (*HttpServletRequest* req, *HttpServletResponse* res), peticiones GET.
doPost (*HttpServletRequest* req, *HttpServletResponse* res), peticiones POST.

HttpServletRequest es una clase utilizada para proceso de las peticiones y *HttpServletReponse* para las respuestas. Los datos de la petición se pasan como argumento de tipo *HttpServletRequest*. Las respuestas se manejan como un argumento de tipo *HttpServletResponse*. Los objetos de la clase *HttpServletRequest* tienen el método getParameter para obtener el valor de un determinado campo. Los objetos del tipo *HttpServletResponse* poseen un método llamado SetContentType para definir el tipo de contenido MIME en los mensajes de respuesta.

El siguiente ejemplo muestra un servlet que contiene un método doGet. Al invocar el recurso HolaMundo, se ejecuta este método creandose un objeto PrintWriter que maneja HttpServletResponse para construir un mensaje de respuesta. En este mensaje se incluye un código HTML y al ser mostrado en un navegador presenta un aspecto como el de la figura 2.8.

Ejemplo de servlet

```java
import java.io.*;
import javax.servlet.*;
import javax.servlet.http.*;
public class HolaMundo extends HttpServlet{

  public void doGet(HttpServletRequest req,HttpServletResponse res)
  throws ServletException,IOException{
    res.setContentType("text/html");
    PrintWriter out=res.getWriter();
    out.println("<html><body bgcolor=orange><center><h1>
            APLICACIONES TELEMATICAS");
    out.println("</h1></center></body></html>");
    out.close();
  }
}
```

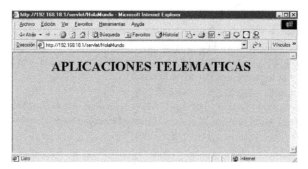

Figura 2.8. Respuesta del servlet HolaMundo.

Con los servlets es posible procesar los datos que envían los usuarios haciendo uso de formularios. El siguiente ejemplo muestra un formulario destinado a adquirir un código introducido por el usuario:

```
<form action="http://192.168.18.1/servlet/ejemplo " method=get>
Cod.Asignatura:<input type=text name=codigo>
<input type=submit value=Enviar>
</form>
```

El valor del código será enviado a un servlet llamado */servlet/ejemplo* cuyo código es:

```
import java.io.*;
import javax.servlet.*;
import javax.servlet.http.*;
public class ejemplo extends HttpServlet{
   public void doGet(HttpServletRequest req,HttpServletResponse res)
   throws ServletException,IOException{
      String respuesta=req.getParameter("codigo");
      res.setContentType("text/html");
      PrintWriter out=res.getWriter();
      out.println("El codigo es: "+respuesta);
      out.close();
   }
}
```

El servlet recupera el valor del parámetro codigo mediante la instrucción req.getParameter("codigo"). Este valor se incluye en el mensaje de respuesta junto con otras marcas HTML para componer la página mostrada en la figura 2.9. Si en lugar de GET, se hubiese usado POST, el anterior servlet se escribiría cambiando el método doGet por doPost:

<form action="http://192.168.18.1/servlet/ejemplo" **method=post**>
Cod.Asignatura:<input type=text **name=codigo**>
<input type=submit value=Enviar>
</form>

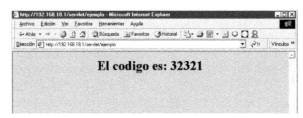

Figura 2.9. Proceso de formularios mediante servlets.

```
import java.io.*;
import javax.servlet.*;
import javax.servlet.http.*;

public class ejemplo extends HttpServlet{

  public void doPost(HttpServletRequest req,HttpServletResponse res)
  throws ServletException,IOException{
    String respuesta=req.getParameter("codigo");
    res.setContentType("text/html");
    PrintWriter out=res.getWriter();
    out.println("<html><body  bgcolor=orange><center><h1>El  codigo
es:    "+respuesta);
    out.println("</h1></center></body></html>");
    out.close();
  }
}
```

2.3.2. JSP (Java Server Pages)

Se ejecutan en una máquina virtual, al igual que los servlets. Esto los dota de una gran portabilidad. Necesitan un servidor para ejecutarse, pero a diferencia de los servlets, se compilan automáticamente. Los documentos JSP permiten incluir elementos HTML o XML, haciéndolos compatibles con el uso de herramientas de desarrollo web.

En las figuras 2.10 y 2.11 se muestran algunas diferencias entre servlets y JSP. En el caso de los servlets (figura 2.10) se han de compilar antes de ser instalados en el servidor. El servlet resultante debe referenciarse en el descriptor de despliegue (web.xml) de la aplicación, para que el usurio pueda invocarlo. En el caso de los JSP (figura 2.11) la compilación la realiza el propio contenedor, estando disponible en cuanto el usuario solicite el recurso.

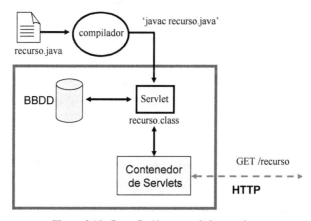

Figura 2.10. Compilación y uso de los servlets.

La figura 2.12 representa las etapas en la gestión de la conversión de un documento JSP a una clase para que pueda ser invocada por un usuario. En primer lugar, el contenedor procesa la petición y extrae el nombre del recurso (*.jsp) solicitado. Si no existe una clase para ese recurso, se traduce a un servlet, se compila y se crea un objeto de esa clase. Si la clase existe ya, se comprueba si el documento JSP tiene una fecha de modificación posterior. Si esto es así, significa que ha cambiado, y por tanto hay que traducir, compilar y crear el objeto nuevamente. Si el JSP no ha cambiado desde su última traducción, no es necesario traducir y compilar: únicamente se comprueba si es necesario crear un nuevo objeto o no.

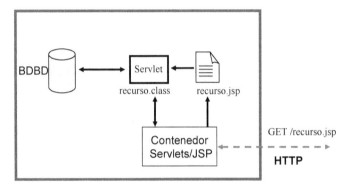

Figura 2.11. Uso de los JSP.

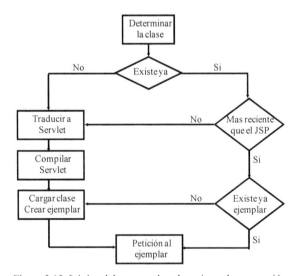

Figura 2.12. Lógica del contenedor al gestionar la conversión.

Veamos un ejemplo de JSP muy sencillo. En él no hay código java, únicamente elementos HTML. El resultado de la ejecución se muestra en la figura 2.13.

```
<HTML>
  <BODY> Hola  Este es mi primer JSP</BODY>
</HTML>
```

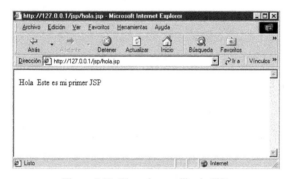

Figura 2.13. Ejemplo sencillo de JSP.

Un escenario de uso es el proceso de datos que provienen de formularios. La secuencia de acciones es:

1. El usuario solicita al servidor un documento HTML que contiene un formulario.

2. El servidor envía el formulario.

3. El usuario rellena el formulario y pulsa el botón de envío.

4. El navegador envía los datos usando un método GET o POST.

5. Sea POST o GET, el navegador solicita el recurso que aparece en el atributo "action" del elemento <form>. El contenedor activa el recurso solicitado (aplicación JSP).

6. La aplicación JSP procesa la información, construye el mensaje de respuesta y lo devuelve al navegador web.

7. El navegador muestra el documento.

Como ejemplo, sea el siguiente formulario mostrado en la figura 2.14:

```
<form action="formu.jsp" method="get">
      Nombre: <input type="text" name="name">
      <br>
      <input type="submit">
</form>
```

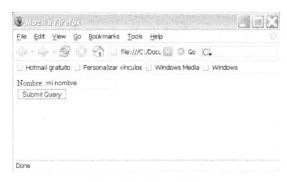

Figura 2.14. Formulario

Al enviar los datos del formulario al servidor, se envía un mensaje HTTP con una línea de petición donde se adjunta el parametro *name* y su valor introducido mediante el formulario:

GET /formu.jsp?name=mi+nombre HTTP/1.1\r\n

La aplicación JSP que se propone es la siguiente. Se observa como se ha utilizado un objeto *request* que posee un método llamado *getParameter* para obtener el valor de un parámetro enviado:

```
<%
String peticion=request.getParameter("name");
out.println("El nombre es: "+peticion);
System.out.println("El nombre es: "+peticion);
%>
```

Los distintos elementos que pueden aparecer en un documento JSP se van a clasificar en tres categorías:

1. *Directivas.* Indican al contenedor el código que debe generar. Se insertan en un documento de la siguiente forma: <%@ directiva atributo="valor" %>.

2. *Elementos de secuencia de comandos.* Estas se dividen en expresiones, Scriptlets y declaraciones.

3. *Acciones.*

Las principales directivas son: *page, include* y *taglib.* La directiva *page* permite definir atributos para toda la página. Esta directiva posee el atributo *import*, para especificar los paquetes que deben ser importados, por ejemplo:

<%@ page import="java.util.*" %>

La directiva *include* permite incluir ficheros en el momento en que la página JSP es traducida a Servlet. La sintaxis es: <%@ include file="url relativa o absoluta" %>. El resultado del siguiente ejemplo se muestra en la figura 2.15:

cuenta.jsp	include.jsp
<% int i; for (i=1;i<10;i++){ out.println(i); %> Texto fuera <% } %>	<HTML> <BODY> <%@ include file="cuenta.jsp" %> </BODY> </HTML>

La directiva *taglib* permite hacer uso de una biblioteca de etiquetas en un documento. La sintaxis es: <%@ taglib uri="URI_liberia" prefix="prefijo" %>

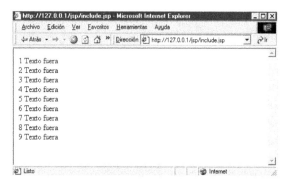

Figura 2.15. Ejemplo de la directiva *include*.

Las expresiones son elementos de secuencia de comandos y se usan para insertar valores directamente en el mensaje de respuesta. La expresión se evalúa, se convierte a String y se inserta en la respuesta. El siguiente ejemplo devuelve la hora actual (figura 2.16).

Fecha y hora actual: <%= new java.util.Date() %>

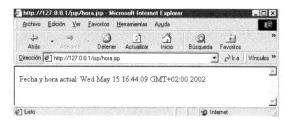

Figura 2.16. Ejemplo de expresiones.

En una secuencia de comandos puede aparecer código arbitrario, accediendo a las mismas variables predefinidas que las expresiones. El código java se sitúa entre los delimitadores '<% 'y '%>'. El siguiente ejemplo recupera el valor de la cadena pasada en un método GET. Esto se realiza con el método request.getQueryString(). Si la cadena es "codigo=003&nombre=aatt", el resultado es el mostrado en la figura 2.17:

```
<HTML>
  <BODY> Valor de datos método GET
    <% String query=request.getQueryString();
       out.println(query); %>
  </BODY>
</HTML>
```

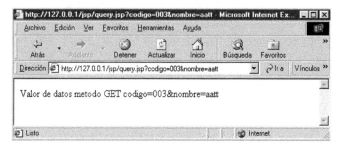

Figura 2.17. Ejemplo de JSP.

A la hora de programar un JSP con una secuencia de intrucciones Java hay que tener presente el servlet al que será traducido, cada vez que se añade un elemento que no pertenece a la secuencia de comandos se traduce en el servlet como una cadena que será ubicada en el mensaje de respuesta. El siguiente ejemplo ilustra este comportamiento. Sea el siguiente código con el que se pretende mostrar en el navegador un conjunto de nueve líneas de texto tal y como refleja la figura 2.18:

```
<% int i;
  for (i=1;i<10;i++){
  out.println(i); %>
    Texto fuera del script<br>
<% } %>
```

La cadena "Texto fuera" queda encerrada dentro del bluce *for*, al estar entre los elementos '{' y '}'. Por el contrario con el código propuesto a continuación no se consigue este objetivo (figura 2.19), ya que la cadena "Texto fuera" queda fuera del bucle:

71

```
<% int i;
  for (i=1;i<10;i++){
    out.println(i);} %>
Texto fuera del script<br>
```

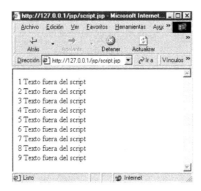

Figura 2.18. Resultado al ubicar la cadena dentro del bucle.

Figura 2.19. Resultado al situar la cadena detrás del bucle.

Los JSP disponen de variables definidas (tambien referenciadas como "objetos implícitos") que pueden utilizarse directamente en los documentos. Hasta ahora se han presentado dos: *request* y *out*, aunque existen otros:

- *request.* Asociado a la petición, a la clase HttpServletRequest. Su función es recuperar parámetros de la petición, analizar el tipo de petición y recuperar las distintas cabeceras HTTP.

- *response.* Asociado a la respuesta (HttpServletResponse)

- *out.* Usado para enviar la salida al cliente.

- *session.* Objeto de la clase HttpSession.

- *application.* Objeto de la clase ServletContext.

- *config.* Objeto de la clase ServletConfig.

- *pageContext.* Objeto de la clase PageContext, para encapsular características específicas de servidores.

- *page.* Referencia a la propia página.

2.4. Elementos del modelo

En este apartado se va realizar un acercamiento a distintos elementos que se engloban en la parte del modelo, dentro del patron MVC. Nos centraremos en el acceso a gestores de bases de datos usando java y a continuación presentaremos el acceso a datos usando componentes.

2.4.1. Acceso a sistemas gestores de bases de datos

En cualquier empresa puede existir un alto volumen de información relativa a distintos departamentos como contabilidad, compras, almacén, clientes, trabajadores, etc. Desde el inicio de las aplicaciones informáticas se dieron soluciones para procesar y manejar este tipo de información. En un inicio todos los datos se almacenaban en ficheros (normalmente indexados). Esto dio lugar a los *sistemas de datos basados en ficheros*. Éstos presentan una serie de características y problemas:

- Cada programa define y gestiona sus datos.

- Redundancia de información, existiendo la posibilidad de inconsistencia de datos. En ciertas situaciones, se duplica información para simplificar las aplicaciones que generan informes utilizando los datos.

- Limitación de acceso a datos. Las aplicaciones se desarrollan con un fin limitado, dando lugar a un número muy elevado de aplicaciones para procesar todos los datos de la organización y generar informes.

- Problemas con accesos concurrentes. Las aplicaciones deben encargarse del mecanismo de exclusión y acceso a secciones críticas.

- Seguridad. No se controla la modificación o eliminación de registros por parte de usuarios no autorizados.

- Privacidad de datos. Los datos sensibles son accesibles por cualquier aplicación y usuario. Es imposible crear distintos roles y perfiles con diferentes niveles de seguridad y privacidad.

Para dar solución a todos estos problemas, aparecieron los *sistemas de gestión de bases de datos* (SGBD). Son aplicaciones que permiten a los usuarios definir, crear, mantener y acceder a las distintas *bases de datos*. Una *base de datos* es una colección de información relacionada. Diseñada para satisfacer las necesidades de información de una organización. Consiste en una abstracción de la información donde existe independencia entre contenido y forma de almacenarla. Las ventajas de los SGBD frente a los sistemas de datos basados en ficheros son:

- Menor redundancia y mayor integridad de la información.

- Se comparte la información de modo sencillo y con seguridad.

- Concurrencia. Gestiona el acceso concurrente de las aplicaciones a secciones críticas.

- Posibilidad de recuperar datos ante fallos.

- Aumento de la productividad. Las aplicaciones desarrolladas son menos complejas, ya que los SGBD se encargan de aportar la seguridad, asegurar la concurrencia y simplificar el acceso a los datos.

Un sistema gestor de bases de datos tiene distintas funciones:

- Función de descripción de los tipos de datos que se almacenan en la base. Existe un lenguaje de definición de datos (DDL) para realizar este tipo de tareas.

- Función de manipulación de la información. Usando un lenguaje de manipulación de datos (DML), se puede recuperar, borrar, actualizar e insertar información en la base de datos.

- Función de utilización. Permite el acceso de los usuarios y los procedimientos para el administrador. Proporciona control de acceso a usuarios autorizados, integridad de la información, control de concurrencia, recuperación ante fallos y acceso al diccionario de datos del sistema.

A la hora de describir la estructura de una base de datos existen varios modelos. Uno de los más utilizados es el conocido como *Modelo Entidad-Relación*. Este modelo contempla los siguientes elementos:

Entidad:	Objeto con existencia independiente.
Atributo:	Propiedad de una entidad. El dominio del atributo es el conjunto de valores que puede tomar (único o múltipe).
Clave:	Permite identificar sin ambigüedades las ocurrencias individuales de un tipo entidad.
Relación:	Asociación de entidades.

Este modelo maneja una serie de conceptos como son:

Relación:	Tabla con columnas y filas.
Atributo:	Cada columna de una tabla.

Dominio:	Conjunto permitido de valores para un atributo.
Tupla:	Fila de una relación.
Grado:	Número de atributos que contiene la relación.
Cardinalidad:	Número de tuplas que contiene la relación.
Base de datos relacional:	Colección de relaciones
Superclave:	Atributos que identifican sin ambigüedades una tupla de una relación.
Clave candidata:	Superclave que no contiene ningún subconjunto que pueda ser clave candidata.
Clave primaria:	Clave candidata seleccionada para identificar las tuplas de una relación de modo unívoco.
Clave foránea:	Atributos dentro de una relación que coincide con la clave primaria de alguna relación.

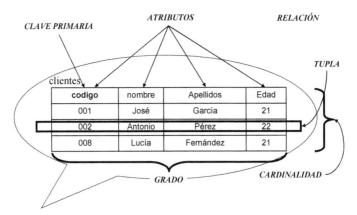

Figura 2.20. Entidad, atributos y clave primaria.

Las relaciones deben cumplir un conjunto de propiedades, siendo las más importantes:

- Nombre distinto para cada relación.

- Cada atributo tiene un nombre distinto.

- Los valores de las celdas de un atributo son siempre del mismo dominio.

- Una clave primaria de una relación no puede contener un atributo que pueda ser nulo. Esto es conococido como condición de *integridad de entidad*.

- Si existe una clave foránea, su valor debe coincidir con un valor de clave de alguna tupla en su relación origen. Es la conocida como *integridad referencial*.

2.4.2. Introducción a SQL

Es un lenguaje estructurado para interactuar con los sistemas de gestión de bases de datos. Las instrucciones SQL se dividen en 2 categorías:

1. DDL: Data Definition Language. Sirve para definir datos en la base de datos. Permite crear un objeto en la base de datos, eliminar un objeto en la misma, conceder privilegios a un determinado objeto o revocar privilegios.

2. DML: Data Manipultion Language. Para manipular datos en la base de datos. Permite insertar, actualizar, borrar y seleccionar datos en la base de datos.

Sentencias DDL

Algunas de las sentencias para definir datos son:

CREATE   Para crear objetos, como por ejemplo una tabla:

create table clientes(
apellido varchar2(30) not null,
nombre varchar2(30),
dni number,
ventas number);

create user NOMBRE identified by
CONTRASEÑA on TABLESPACE;

DROP   Para eliminar objetos con la sentencia **DROP**.

drop table clientes;

DESCRIBE   Resumen de un objeto y sus atributos:
describe clientes;

ALTER   Para modificar un objeto:

alter table clientes add (direccion varchar(50));

Añade una nueva columna.

GRANT   Concede privilegios:

grant connect to USUARIO identified by
CONTRASEÑA;

Concesión de permisos a un usuario:

grant PERMISO on OBJETO to USUARIO;

Permisos a un usuario sobre un objeto:
PERMISO = {select, insert, update, delete}

Sentencias DML

Algunas sentencias para la manipulación de datos son las siguientes:

INSERT   Inserción de datos en un objeto.

insert into clientes values ('Munoz', 'Enrique','12345','1');

insert into clientes (apellido,nombre,dni,ventas) values ('Munoz', 'Enrique','12345','1');

UPDATE   Actualizar los datos en una tabla:

update clientes set dni=0;

Columnas que cumplen una condición:

update clientes set dni=0 where CONDICION;
update clientes set dni=0 where nombre='Enrique';

Para actualizar los datos en un objeto:

Update clientes set dni=0;
update clientes set dni=0 where CONDICION;
update clientes set dni=0 where nombre='Enrique';

DELETE   Borra los datos en un objeto:

delete from clientes;
delete from clientes where nombre='Enrique';

SELECT   Es la forma de recuperar datos de una base de datos.Consta de cuatro partes:

SELECT lo que se quiere ver

FROM lugar de donde hay que obtener los datos

WHERE criterio de selección.

ORDER BY seguida de un criterio de ordenación.

order by ATRIBUTO asc; (ascendente)

order by ATRIBUTO desc;

Veamos algunos ejemplos de selección de información en una base de datos. Si se desea mostrar todo el contenido de una tabla, se usará la sentencia:

select * from clientes;

Si se desea ver usa serie de campos:

select nombre,apellidos from clientes;

Para obtener los valores de un atributo que cumpla una determinada condición:

select ventas from clientes where nombre='Enrique';

La cláusula **WHERE** tiene asociada una colección de operadores:

=   Prueba de igualdad.

           select * from clientes where nombre='Jose';

!=   Prueba de desigualdad.

           select * from clientes where nombre!='Jose';

<   Menor.

           select * from clientes where ventas<200;

>   Mayor.

           select * from clientes where ventas>200;

<=   Menor o igual.

           select * from clientes where ventas<=200;

>=   Mayor o igual

select * from clientes where ventas>=200;

in	Igual a cualquier elemento especificado en paréntesis
	select * from clientes where nombre in ('Jose', 'Rocío');
not in	Distinto a todos los elementos especificados en los paréntesis

between A and B	Mayor o igual que A y menor o igual a B
	select * from clientes where ventas between and 200;
not between A and B	Menor que A y mayor que B
	select * from clientes where ventas not between 1 and 200;
like '%texto%'	Contiene un texto determinado
	select * from clientes where nombre like '%nriq%';

2.4.3. Acceso a un SGDB usando Java

Para interaccionar con sistemas de gestión de bases de datos desde aplicaciones programadas en Java existe la API JDBC (Java Database Connectivity). Permite ejecutar sentencias SQL en java, estableciendo conexiones con los sistemas de gestión, enviando sentencias y procesando los resultados de éstas. Ofrece un estándar de conexión a cualquier base de datos disponible en el mercado. Es un mecanismo para obtener datos en ambientes cliente-servidor a través de Internet/Intranet.

Una aplicación Java que ejecuta operaciones sobre una base de datos utiliza los recursos que se muestran en la figura 2.21. La aplicación cliente haciendo uso de las clases proporcionadas por JDBC realiza la conexión, envio de sentencias y manipulación de resultados. Estas clases JDBC necesitan cargar el controlador específico de la base de datos, por ejemplo un gestor MySQL necesita un controlador distinto al requerido por un gestor Oracle. Estos controladores específicos son gestionados por el administrador de controladores JDBC.

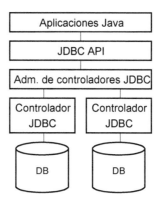

Figura 2.21. Acceso a bases de datos usando JDBC.

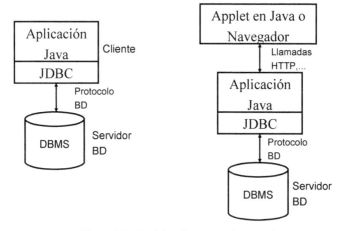

Figura 2.22. Modelos de acceso a base de datos.

En la figura 2.22 se representan posibles formas de acceder a los sistemas de gestión de bases de datos (*Data Base Management System*). El primer caso representa un modelo de dos niveles donde la aplicación cliente accede directamente al SGBD. El segundo caso muestra un modelo de tres niveles donde existe una aplicación cliente, típicamente un navegador, que accede a una aplicación de servidor y es ésta quien accede al SGBD.

Como se ha comentado anteriormente, para realizar una operación con las bases de datos, es necesario establecer una conexión, enviar las sentencias SQL y procesar las respuestas. Estas tareas se realizan haciendo uso de distintas instrucciones. Esto se presenta a continuación.

Conexión con la base de datos

Para establecer una conexión se hace uso de un objeto *Connection* (representa una conexión a una base de datos). La conexión se establece mediante el método *DriverManager.getConnection*. La clase *DriverManager* intenta ubicar el controlador que pueda conectarse a la base de datos. Para realizar la conexión es necesario indicar la URL de la base de datos y tiene la siguiente sintaxis:

jdbc:<protocolo>:<identificación de la base de datos>

siendo <protocolo> el nombre del controlador o del mecanismo de conexión. Ejemplo: jdbc:mysql://localhost/aatt

Envío de sentencia SQL al SGBD

Existen distintas clases para realizar el envío de sentencias a un SGBD:

- *Statement*. Este objeto es usado para enviar sentecias SQL simples. Es creado por el método *createStatement*.

- *PreparedStatement*. Este objeto es usado para sentencias que requieren uno o más parámetros. La sentencia es precompilada y guardada para un uso futuro.

- *CallableStatement*. Es usado para ejecutar procedimientos almacenados.

Proceso de las respuestas

Las respuestas a las sentencias SQL se reciben en el objeto *ResultSet*. Este objeto provee el acceso a los datos de las tuplas a través de un conjunto de métodos *get*, permitiendo el acceso a cada atributo.

Vamos a realizar dos ejemplos que ilustren la creación de aplicaciones que hacen uso de JDBC. En el primer ejemplo se efectua una consulta a una base de datos que contiene la entidad mostrada en la figura 2.23. La consulta devuelve los valores de todos los atributos y los muestra por consola (figura 2.24). En un segundo ejemplo, se realiza una inserción de datos en esa entidad (figura 2.25). La clave definida en este ejemplo es el atributo CODIGO. Para acceder a las clases JDBC es necesario importar las clases existentes en el paquete *java.sql*.

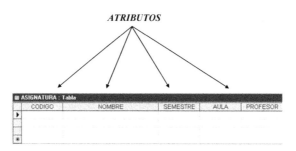

Figura 2.23. Atributos de la entidad ASIGNATURA.

Ejemplo 1: Cosulta de los valores de una entidad

```
import java.io.*;
import java.sql.*;
public class ejemplo{

  public static void main(String args[]){

  String sql="SELECT * FROM ASIGNATURA";
  Connection conn;
  Statement stm;
  ResultSet rs;
```

```java
String codigo=new String("");
String nombre=new String("");
String semestre=new String("");
String aula=new String("");
String profesor=new String("");

try{
        //      Carga el controlador MySQL
        Class.forName("com.mysql.jdbc.Driver");

        //      Conexión con la base de datos

conn=DriverManager.getConnection("jdbc:mysql://localhost/aatt","","");
        stm=conn.createStatement();

        //   Envio de la sentencia SQL al SGBD
        rs=stm.executeQuery(sql);


        //   Proceso de la respuesta resultado de la consulta
        while (rs.next()){
          codigo=rs.getString("CODIGO");
          nombre=rs.getString("NOMBRE");
          semestre=rs.getString("SEMESTRE");
          aula=rs.getString("AULA");
          profesor=rs.getString("PROFESOR");
          System.out.println(codigo+"\t"+nombre+"\t"+
                    semestre+"\t"+aula+"\t"+profesor);  }
        rs.close();
        stm.close();
        conn.close();
     } catch (Exception e){}
 }
 }
```

Ejemplo 2: Inserción de datos en una entidad

```java
import java.sql.*;
public class ejemplo2{

  public static void main(String args[]){
  String sql="INSERT INTO ASIGNATURA
      (CODIGO,NOMBRE,SEMESTRE,AULA,PROFESOR)"+
      " VALUES ('003','Fundamentos de
      Telematica','3','71110','9090')";

  Connection conn;
  Statement stm;
  System.out.println(sql);
  try{
     //    Carga el controlador MySQL
     Class.forName ("com.mysql.jdbc.Driver");

     //    Conexión con la base de datos

conn=DriverManager.getConnection("jdbc:mysql://localhost/aatt","","");
     stm=conn.createStatement();

     //  Envio de la sentencia SQL al SGBD
     stm.execute(sql);
     stm.close();
     conn.close();
  } catch (Exception e){}
  }
}
```

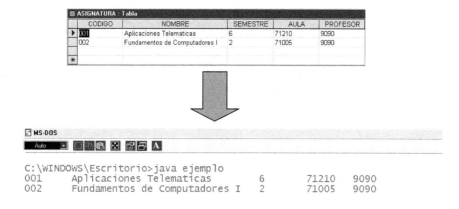

Figura 2.24. Resultado de la consulta.

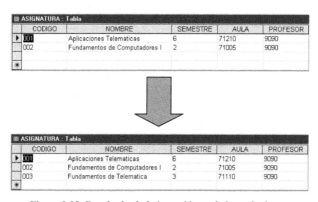

Figura 2.25. Resultado de la inserción en la base de datos.

2.4.4. Acceso a datos usando componentes

Con el objetivo de acceder a los datos de un sistema de información se hace uso de un componente de software que suministra una interfaz común entre la aplicación y estos dispositivos de almacenamiento de datos. Estos componentes se conocen con el nombre de DAO (Data Access Object). Encapsula el acceso a las bases de datos y no requiere conocer el destino final de la información que manipula.

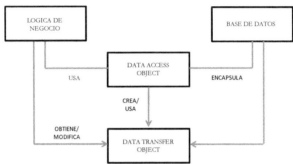

Figura 2.26. Objetos de acceso a datos.

El uso de objetos de acceso a datos permite cambiar la tecnología subyacente sin tener que cambiar otros elementos de la aplicación. Si la lógica de negocio quiere manipular un dato en la BBDD utiliza un DTO (Data Transfer Object) como elemento para intercambiar datos. Esto se puede apreciar en la figura 2.26. En ella se refleja como un DAO crea un DTO para almacenar los datos. A través de distintos métodos, el DAO guarda la información del DTO en un SGBD. La lógica de negocio usa el DAO para almacenar datos en el SGDB independientemente del tipo de gestor de base de datos que se esté usando. El siguiente código ilustra este comportamiento, se crea un DTO al cuál se le asignan los datos y desde el DAO, haciendo uso del método create, se guarda en la base de datos:

```
public static void main(String[] args) {
/* Crear el DAO */
PlaylistDAO dao = new PlaylistDAO();

/* Crear un DTO */
PlaylistDTO dto = new PlaylistDTO();

/* Le asignamos los datos */
dto.setName("Archivo1");
dto.Location("http://www.host.com/shared/archivo1.flv");
```

```
/* Método create() del DAO encargado de guardarlo en la base de datos */
dao.create(dto);
}
class PlaylistDTO {
    private String name;
    private double locaton;
    public void setName(String name) {this.name=name;}
    public void setLocation(String location) {this.location=location;}
}
class PlaylistDAO {
    public void create(PlaylistDTO dto) {
    /* Implementación del método create() */
    }
    public PlaylistDTO read(PlaylistDTO dto) {
    /* Implementación del método read() */
    }
    public void update(PlaylistDTO dto, int id) {
    /* Implementación del método update() */
    }
    public void delete(PlaylistDTO dto) {
    /* Implementación del método delete() */
    }
}
```

Con JSP es posible utilizar *JavaBeans*. Éstos son componentes basados en java que pueden ser reutilizados. La forma de usarlos es:

<jsp:useBean id="componente" class="package.class" />

Con esta sentencia se crea un objeto cuyo nombre viene dado por el valor del atributo *id* a partir de la clase indicada en el atributo *class*. También es posible hacer uso de un atributo *scope* (ámbito). Una vez que se tiene el componente, se pueden cambiar sus propiedades con el uso de *jsp:setProperty* o llamando a un método de manera explícita sobre el objeto cuyo nombre se ha especificado en el atributo *id*. Sea el siguiente ejemplo:

```
<jsp:setProperty name="componente" property="mensaje" value="AATT" />
```

Se puede acceder a las propiedades haciendo uso de *jsp:getProperty*, o usando el objeto cuyo nombre se especifica en el atributo id:

```
<jsp:getProperty name="componente" property="mensaje" /><br/>
```

A continuación se presenta un ejemplo de un Javabean. Se observa como existen un par de métodos asociados a cada propiedad del componente. En el ejemplo, se crea un componente que tiene una propiedad llamada mensaje. Para esta propiedad existen los métodos *setMensaje*, para cambiar los valores de la propiedad *mensaje* y *getMensaje* para acceder al valor de *mensaje*. En general para cada propiedad existe un método de tipo *set* y otro *get*.

```
package ejemplo;
public class SimpleBean {
    String mensaje;
    public void setMensaje(String value)
    {
        mensaje = value;
    }

    public String getMensaje() {
        return mensaje;
    }
}
```

La siguiente aplicación usa el componente para modificar el valor de la propiedad *mensaje*, asignando el valor "AATT" y presenta el valor del mismo en una respuesta que se muestra en un navegador (figura 2.27). Se observa que el valor puede obtenerse directamente utilizando el método bean.getMensaje().

bean.jsp

```
<jsp:useBean id="componente" class="ejemplo.SimpleBean" />
<jsp:setProperty name="componente" property="mensaje" value="AATT" />

<jsp:getProperty name="componente" property="mensaje" /><BR>
<%= bean.getMensaje() %>
```

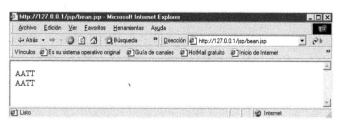

Figura 2.27. Ejemplo de javabean.

El elemento *useBean* posee las siguientes propiedades:

id	Nombre del objeto que se creará.
class	Nombre completo de la clase.
scope	Contexto. Puede tener los valores *page* (página actual), *request* (disponible para la petición actual de cliente), *session* (durante todo el tiempo de vida de la sesión), *aplication* (para todas las paginas que comparten el servlet).
type	Tipo de variable a la que se refiere el objeto.
beanName	Da el nombre al componente.

setProperty posee los siguientes atributos:

name	Designa el componente.
value	Valor de la propiedad.
Property	Propiedad que se quiere seleccionar.

Atributos de getProperty:

name   Designa el componente.

property   Propiedad que se quiere seleccionar. Con el valor ”*”
                       se invoca a aquellos métodos del componente cuyos
                       nombres coincidan con los nombres de los
                       parámetros pasados en la petición HTTP.

2.5. Elementos del controlador. Lógica de negocio

La lógica de negocio es la parte de la aplicación que se encarga de las tareas
relacionadas con el procesamiento no visible al usuario. Son rutinas que realizan
entrada de datos, generación de informes, consultas, etc. Para realizar estas
tareas interviene el *controlador*, proporcionando significado a las órdenes del
usuario y actuando sobre los datos representados por el *Modelo*.

A la hora de diseñar un controlador, hay que definir todas las tareas
asociadas a la lógica de negocio. Tras ellas, se definen los *estados del controlador*,
donde han de ejecutarse las distintas tareas. Junto con los estados se definen las
transiciones o condiciones para pasar de un estado a otro. Las transiciones vienen
determinadas por el conjunto formado por el valor de variables internas en el
estado actual y el valor de las variables externas. La figura 2.28 muestra un
ejemplo con los estados y transiciones de un controlador. En este caso, el
controlador tiene cuatro estados {PRINCIPAL, RECIBELISTA, BUSCAR,
LISTADO}. Desde cada uno de estos estados se ejecutan una serie de tareas,
pasando a la ejecución de acciones del siguiente estado en función del valor de la
variable *opcion*, en unos casos, o bien evoluciona directamente al estado
siguiente.

Resultaría muy útil que la lógica de negocio fuese proporcionada por
acciones asociadas a elementos pertenecientes a un vocabulario XML. Esto
simplificaría la construcción del *controlador*: las acciones asociadas a cada estado
se representarían utilizando elementos de un vocabulario XML, sin tener que
programar líneas de código. Esta idea se lleva a cabo a través de las conocidas
como **extensiones de etiquetas JSP**. Con el uso de estas extensiones es
posible definir etiquetas (elementos) que puedan ser usadas para definir acciones
propietarias.

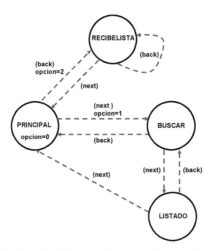

Figura 2.28. Ejemplo de los estados y transiciones del controlador.

Las principales características de las extensiones de etiquetas son:

- Reutilización de código. Simplifica su uso en múltiples aplicaciones.

- Son extensiones definidas por el usuario.

- Las extensiones de etiquetas son creadas por programadores (aplicaciones) y pueden ser usadas por diseñadores de aplicaciones web (presentación). Esto permite que especialistas en el diseño (sin tantos conocimientos de programación) hagan uso de elementos que tienen asociados la ejecución de acciones complejas.

A la hora de desarrollar un conjunto de etiquetas personalizadas hay que seguir unos pasos:

1. *Definir la etiqueta.* Se definen los nombres de las etiquetas y las acciones asociadas.

2. *Escribir la entrada en el descriptor de biblioteca de etiquetas* (TLD). Éste es un documento XML que define los nombres y atributos de una colección de etiquetas relacionadas

3. *Escribir el manejador de etiquetas.* Hay que crear las clases que contienen las acciones de cada etiqueta.

93

Una vez creada el conjunto de etiquetas, hay que incorporarlas en un documento JSP. Esto se realiza mediante la directiva *taglib*:

<%@ taglib prefix="pref" uri="/WEB-INF/tlds/tag.tld" %>

Para realizar el manejador se hace uso de una API de etiquetas personalizadas: *javax.servlet.jsp.tagext*. Es una clase que es invocada cada vez que el contenedor de JSPs encuentra una etiqueta. En JSP 1.2, la clase javax.servlet.jsp.tagext tiene cuatro interfaces y doce clases. Las dos interfaces más importantes son *Tag* y *BodyTag*. Esta interfaz define los siguientes métodos: *doStartTag*, *doEndTag*, *getParent*, *setParent*, *setPageContext*, *release*.

A continuación se presenta un ejemplo donde se va a diseñar una extensión de etiquetas constituida por un elemento, llamado *<hola>*. La acción asociada a ella es la inclusión en el mensaje de respuesta de la cadena "Saludos, alumnos de Aplicaciones Telematicas". La etiqueta creada se incluirá en un archivo llamado test.jsp, de manera que se obtenga el resultado mostrado en la figura 2.30.

Primer paso: definir la etiqueta.

Según el enunciado del ejemplo, la única etiqueta será <hola>

Segundo paso: crear la entrada TLD.

Se crea un descriptor de biblioteca de etiquetas que se llamará *tagtest.tld*. Se ubica en el directorio */tlds* tal como se muestra la figura 2.29, siendo su contenido:

```
<?xml version="1.0" ?>
<taglib>
  <tlibversion>1.0</tlibversion>
  <jspversion>2.0</jspversion>
  <tag>
    <name>hola</name>
    <tagclass>mitags.Holatag</tagclass>
  </tag>
</taglib>
```

Con elemento <name> se define el nombre de cada etiqueta del vocabulario, en este caso la etiqueta <*hola*>. Usando <tagclass> se asocia la clase que implementa la acción. En nuestro ejemplo, la acción se implementa en una clase llamada *mitags.Holatag*.

Tercer paso: crear el manejador de etiquetas

Para realizar el manejador de etiquetas se hace uso de *javax.servlet.jsp.tagext*. La clase que implementa la acción se llama *mitags.Holatag*, y se guarda en el directorio /*classes* (figura 2.29).

```
package mitags;
import javax.servlet.jsp.tagext.*;
import javax.servlet.jsp.*;

public class Holatag extends TagSupport{
    public int doStartTag() throws JspException{
        try{
        JspWriter out=pageContext.getOut();
        out.println("Saludos, alumnos de Aplicaciones Telematicas");
        } catch(Exception e){}
    return SKIP_BODY;
    }
}
```

Con el método doStartTag, cada vez que aparezca la etiqueta <hola> se ejecuta el código existente en él. Se crea un objeto de la clase JspWriter para incluir en el mensaje de respuesta HTTP la cadena "Saludos, alumnos de Aplicaciones Telematicas".

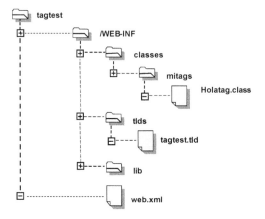

Figura 2.29. Ubicación del TLD y manejador de etiquetas.

Cuarto paso: incorporación de la etiqueta en un documento JSP

Una vez creado el conjunto de etiquetas, se incorpora en el documento:

```
<%@ taglib prefix="mitags" uri="/WEB-INF/tlds/tagtest.tld" %>
<HTML>
<BODY>
<mitags:hola>Esto es un ejemplo de etiqueta personalizada</mitags:hola>
</BODY>
</HTML>
```

Para facilitar la distribución de las etiquetas creadas se empaquetan en archivos denominados *bibliotecas de etiquetas*. Esto simplifica el uso de las extensiones por parte de terceros. Continuando con el ejemplo anteriormente propuesto, las clases existentes en el directorio /classes/mitags se compilarían en un único archivo, por ejemplo *tags.jar*.

Figura 2.30. Resultado del uso de la etiqueta en el JSP.

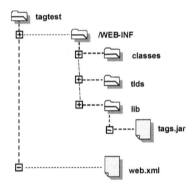

Figura 2.31. Ubicación de la biblioteca de etiquetas.

La biblioteca de etiquetas se ubica en el directorio */lib* (figura 2.31). Lo habitual es utilizar bibliotecas realizadas por terceros. A continuación mostramos un ejemplo donde se hace uso de una biblioteca de etiquetas para manejar sistemas de gestión de bases de datos. Se va a crear una aplicación llamada Consulta.jsp, donde se incluirán las distintas etiquetas destinadas a realizar una consulta en la base de datos llamada *aatt*, tal y como muestra la figura 2.32. Descargaremos la biblioteca indicada en la figura 2.32 (taglibs-dbtags.jar) junto al descriptor de etiquetas (taglibs-dbtags.tld). El archivo JAR se copia en el directorio */lib* y el TLD en */tlds*.

En primer lugar, se incluye la referencia a la localización del descriptor de etiquetas en el descriptor de despliegue de la aplicación web, web.xml.

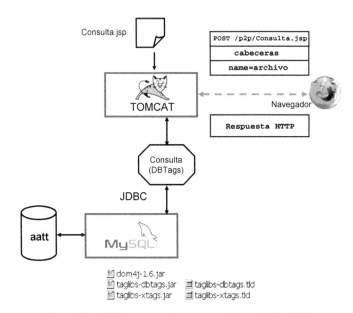

Figura 2.32. Biblioteca de etiquetas para el manejo de SGBD.

```
<?xml version="1.0" encoding="ISO-8859-1"?>
<web-app>
<taglib>
  <taglib-uri>
    http://jakarta.apache.org/taglibs/dbtags
  </taglib-uri>
  <taglib-location>
    /WEB-INF/tlds/taglibs-dbtags.tld
  </taglib-location>
</taglib>
</web-app>
```

El elemento <tablib-location> es utilizado para indicar la ubicación del descriptor de etiquetas, en este caso es /WEB-INF/tlds/taglibs-dbtags.tld. Mediante <taglib-uri> se incluye el identificador de recurso que se manejará dentro de la aplicación para referirse al descriptor de etiquetas. El nombre asignado es http://jakarta.apache.org/taglibs/dbtags.

El código propuesto para **Consulta.jsp** es:

/* Incorporación de la biblioteca dentro del JSP. Todos los elementos pertenecientes al espacio de nombres definido en el atributo *uri* serán marcados con el prefijo *sql* */

```
<%@ taglib uri="http://jakarta.apache.org/taglibs/dbtags" prefix="sql" %>

<% String peticion=request.getParameter("nombre");

// Conexión al gestor de base de datos. User=administrador, pwd=fase 4

<sql:connection id="conn">
<sql:url>jdbc:mysql://localhost/aatt?user=administrador&password=fase4
</sql:url>
<sql:driver>com.mysql.jdbc.Driver</sql:driver>
</sql:connection>

<sql:statement id="stm" conn="conn">

// Consulta SQL
<sql:query>SELECT * from aatt.p2p where name like '%<%=peticion
%>%'
</sql:query>
```

/* Procesado de la respuesta resultado de la consulta SQL. Obtiene los valores de los distintos atributos y se incorporan en el mensaje de salida para ser visualizado en el navegador */

```
<sql:resultSet id="rset">
<sql:getColumn position="1"/><br/>
<sql:getColumn position="2"/><br/>
<sql:getColumn position="3"/><br/>
<sql:getColumn position="4"/><br/>
</sql:resultSet>

</sql:statement>
<sql:closeConnection conn="conn"/>
```

99

2.6. Desarrollo de aplicaciones con JSF

JavaServer Faces (JSF) es un entorno de trabajo para crear aplicaciones basadas en el patrón de diseño MVC. Añade una biblioteca de etiquetas para crear los elementos de un formulario. Además, asocia a cada vista un conjunto de objetos manejados por un controlador (managed bean). Se persiguen los siguientes objetivos:

- La definición de un conjunto de clases para componentes de la interfaz de usuario, estado de los componentes y eventos de entrada. Estas clases tratarán los aspectos del ciclo de vida de la interfaz de usuario, controlando el estado de un componente durante el ciclo de vida de su página.

- Proporcionar un conjunto de componentes para la interfaz de usuario.

- Proporcionar un modelo de Javabeans para enviar eventos desde los controles de la interfaz de usuario del cliente a la aplicación de servidor.

- Definir APIs para la validación de entrada, incluyendo soporte para la validación en el lado del cliente.

- Especificar un modelo para la internacionalización y localización de la interfaz de usuario.

2.6.1. Instalación

Para realizar aplicaciones web basadas en JSF es necesario un contenedor de servlets, una máquina virtual java, la API JSF y la API JSLT. Las aplicaciones ejemplo que se muestran en este capítulo han sido desarrolladas con el entorno Eclipse. Antes de empezar a crear aplicaciones, se deben incorporar las API JSF y JSLT a las bibliotecas de usuario. Para esto, dentro del menú preferencias (figura 2.33) se elige la opcion de bibliotecas de usuario para incorporarlas (figura 2.34). La figura 2.35 muestra el resultado una vez que se han añadido.

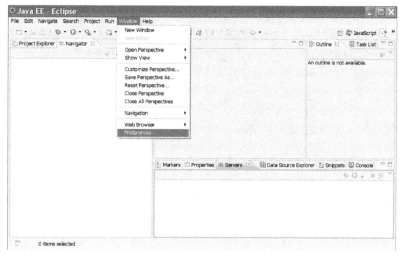

Figura 2.33. Menú preferencias.

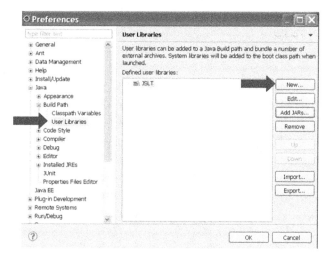

Figura 2.34. Incorporación de nuevas bibliotecas de usuario.

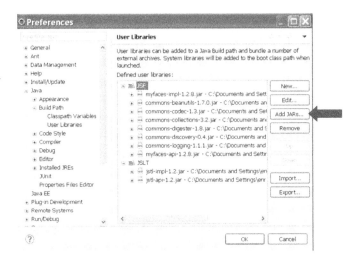

Figura 2.35. Bibliotecas de usuario existentes.

Figura 2.36. Creación de un proyecto web usándo el asistente.

A continuación se procede a crear la aplicación web haciendo uso del asistente *dynamic web project* (figura 2.36). Se elige el contenedor de servlets (figura 2.37) y la configuración de aplicación JSF (figura 2.38). La aplicación JSF tal y como muestra la figura 2.39. Aparece el fichero *faces-config.xml*, que es un fichero específico de configuración JSF.

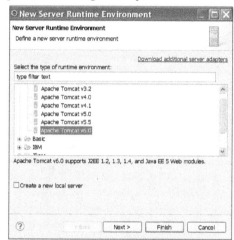

Figura 2.37. Elección del contenedor de servlets.

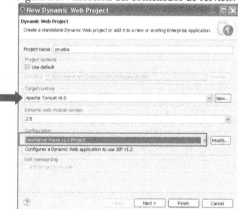

Figura 2.38. Selección de la configuración (JSF).

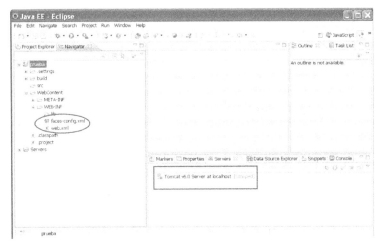

Figura 2.39. Aplicación JSF.

2.6.2. Ejemplos de aplicaciones JSF

En este apartado se presentan algunos ejemplos de aplicaciones JSF. En primer lugar se va a programar una aplicación web con una interfaz de usuario como la presentada en la figura 2.40. El usuario introduce el valor de una magnitud y devuelve como resultado su equivalente en decibelios. También debe permitir la opción de borrar la magnitud introducida. Para realizar la conversión se crea una clase llamada *model.Conversor* (figura 2.41), cuyo código se presenta a continuación.

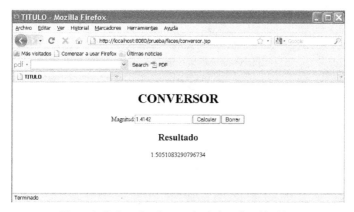

Figura 2.40. Interfaz de usuario de la aplicación JSF.

Figura 2.41. Clase model.Conversor.

```
package model;
public class Conversor {
        private double magnitud;
        private double db;
        private boolean inicial= true;
```

```
public double getMagnitud() {
        return magnitud;
}
public void setMagnitud(double magnitud) {
        this.magnitud = magnitud;
}
public double getDb() {
        return db;
}
public boolean getInicial(){
        return inicial;
}
public String reset (){
        inicial = true; magnitud =0; db = 0;
}
public String magnitud2db(){
        inicial = false;
        db = 10*Math.log(magnitud)/Math.log(10);
        if (magnitud>0) return "exito";
        else return "fallo";
}
}
```

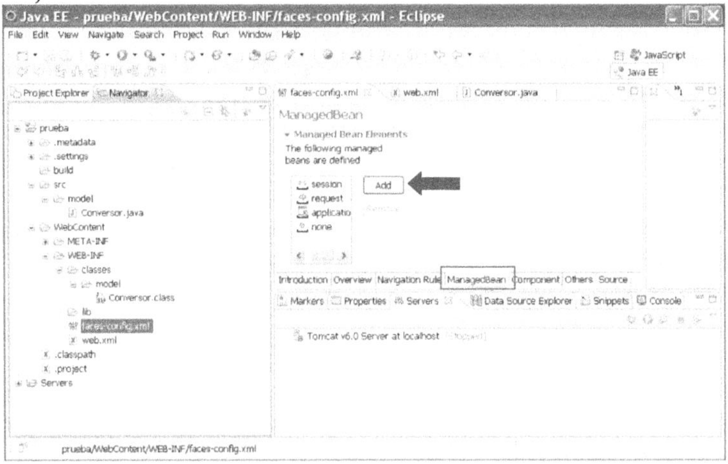

Figura 2.42. Incorporación de la clase conversor al gestor de componentes.

Una vez compilada la clase *model.Conversor*, se incorpora como componente. Para ello se usa el asistente mostrado en las figuras 2.42, 2.43 y 2.44. A la hora de crear el componente se indica el ambito en que será mantenida la instancia de éste (en nuestro ejemplo es sesión). La figura 2.45 muestra los componentes dados de alta (se ha nombrado como conversor). No es necesario hacer uso del asistente para dar de alta un componente. Puede hacerse escribiendo directamente en el archivo de configuración faces-congif.xml. Se observa como a través de *<managed-bean-name>* se indica que existe un componente llamado *conversor* implementado con la clase *model.Conversor*, indicado con la etiqueta *<managed-bean-class>*. El ámbito se señala con *<managed-bean-scope>*.

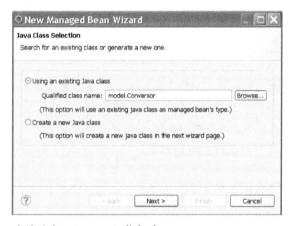

Figura 2.43. Asistente para añadir la clase conversor como componente.

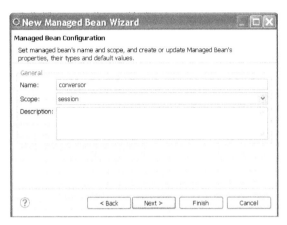

Figura 2.44. Ambito en que será mantenida la instancia del componente (sesión).

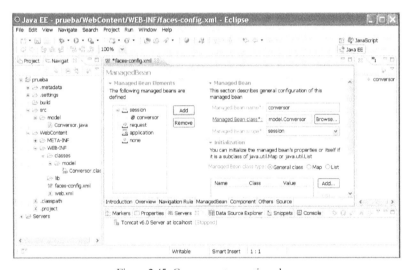

Figura 2.45. Componentes gestionados.

```
<?xml version="1.0" encoding="UTF-8"?>
<faces-config ...>
    <managed-bean>
        <managed-bean-name>conversor</managed-bean-name>
        <managed-bean-class>model.Conversor</managed-bean-class>
        <managed-bean-scope>session</managed-bean-scope>
    </managed-bean>
</faces-config>
```

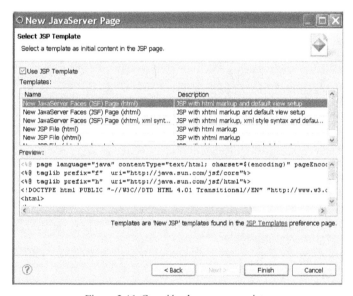

Figura 2.46. Creación de una nueva vista.

Para finalizar la aplicación, procedemos a crear la vista implementada con un documento JSP. Para realizar esta tarea se hace uso del asistente *New JavaServer Page*. Se elige la opcion *New JavaServer Faces (JSF) Page (HTML)*, tal y como refleja la figura 2.46. Esto genera un documento JSP donde se incluyen las bibliotecas de etiquetas JSF siguientes:

```
<%@ page language="java" contentType="text/html"%>
<%@ taglib prefix="f"  uri="http://java.sun.com/jsf/core"%>
```

109

```
<%@ taglib prefix="h"  uri="http://java.sun.com/jsf/html"%>
```

El código de la página **Conversor.jsp** es la que sigue:

```
<%@ page language="java" contentType="text/html"%>
<%@ taglib prefix="f"  uri="http://java.sun.com/jsf/core"%>
<%@ taglib prefix="h"  uri="http://java.sun.com/jsf/html"%>
<html>
<body>

<f:view>
  <h:form>
    <h1>CONVERSOR</h1>
    <h:outputLabel value="Magnitud:"></h:outputLabel>
    <h:inputText  value="#{conversor.magnitud}"></h:inputText>
    <h:commandButton action="#{conversor.magnitud2db}"
                     value="Calcular"></h:commandButton>
    <h:commandButton action="#{conversor.reset}"
                     value="Borrar"></h:commandButton>
  </h:form>
  <h:panelGroup rendered="#{conversor.inicial!=true}">
    <h2> Resultado </h2>
    <h:outputLabel value="#{conversor.db}"></h:outputLabel>
  </h:panelGroup>
</f:view>

</body>
</html>
```

En un formulario pueden aparecer distintos elementos:

- Etiquetas que muestran información.
- Campos editables.
- Botones de envío del formulario

Algunos de estos elementos son:

h:form	Formulario.
h:outputText	Valores en mensaje de respuesta.
h:inputText	Campo editable.
h:commandButton	Crea botones.

Archivos de propiedades

En JSF se pueden usar archivos de propiedades definidos como elementos de texto. Se les puede dar cualquier nombre finalizados con el sufijo *.properties*. Como ejemplo sea el documento mensajes.propierties con las siguientes parejas de valores:

magnitud=Magnitude
resultado=Result
borrar= Reset
calcular=Compute

Figura 2.47. Archivo de propiedades.

La figura 2.47 indica la ubicación de este archivo de propiedades. Debe aparecer dentro del directorio */classes*. En nuestro entorno de desarrollo, primero lo generamos en */src*, copiándose automáticamente a */classes*. El siguiente código muestra como modificaríamos la vista del ejemplo del conversor a decibelios para hacer uso del archivo mensajes.properties:

```
<f:view>
  <f:loadBundle basename="mensajes" var="msg" />
  <h:form>
    <h1>CONVERSOR</h1>
    <h:outputLabel value="#{msg.magnitud}"></h:outputLabel>
    <h:inputText value="#{conversor.magnitud}">
      <f:validator validatorId="model.Validador" />
    </h:inputText>
    <h:commandButton action="#{conversor.magnitud2db}"
                value="#{msg.calcular}"></h:commandButton>
    <h:commandButton action="#{conversor.reset}"
                value="#{msg.borrar}"></h:commandButton>
  </h:form>
  <h:panelGroup rendered="#{conversor.inicial!=true}">
    <h2><h:outputLabel
value="#{msg.resultado}"></h:outputLabel></h2>
    <h:messages layout="table"></h:messages>
    <h:outputLabel value="#{conversor.db}"></h:outputLabel>

  </h:panelGroup>
</f:view>
```

Reglas de navegación

Se pueden añadir reglas de navegación que permiten la redirección a distintas vistas en función del resultado calculado en un determinado componente. La figura 2.48 muestra un ejemplo de redirección a dos páginas (*Exito.jsp* y *Fallo.jsp*) desde la vista *conversor*, en función del resultado del método *magnitud2db()* del componente *conversor*. Si el método devuelve "exito" se lanza una redirección a Exito.jsp y si devuelve "fallo" a *Fallo.jsp*.

```
public String magnitud2db(){
    inicial = false;
    db = 10*Math.log(magnitud)/Math.log(10);
    if (magnitud>0) return "exito";
    else return "fallo";
}
```

Las reglas de navegación pueden incorporarse a través del asistente o directamente en el archivo de configuración config-faces.xml:

```
<navigation-rule>
    <display-name>conversor</display-name>
    <from-view-id>/conversor.jsp</from-view-id>
    <navigation-case>
        <from-outcome>fallo</from-outcome>
        <to-view-id>/Fallo.jsp</to-view-id>
    </navigation-case>
</navigation-rule>
<navigation-rule>
    <display-name>conversor</display-name>
    <from-view-id>/conversor.jsp</from-view-id>
    <navigation-case>
        <from-outcome>exito</from-outcome>
        <to-view-id>/Exito.jsp</to-view-id>
    </navigation-case>
</navigation-rule>
```

El elemento *<navigation-rule>* define una regla de navegación. Mediante *<from-outcome>* indica el valor que devuelve el método y con *<to-view-id>* el nombre de la vista a la que se redirecciona. En nuestro ejemplo hay dos reglas de navegación: fallo y exito.

Si se utiliza el asistente para crear las reglas de navegación, se van incorporando los distintos nodos o vistas (figura 2.49) y la reglas de navegación (figura 2.50). En la figura 2.50 se observa como al añadir una regla de navegación se indica el nodo al que se redirecciona. Los resultados de la activación de la regla "exito" y "fallo" se muestran en las figuras 2.51 y 2.52 respectivamente.

113

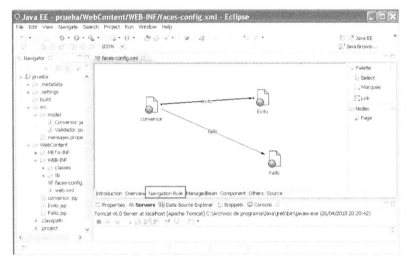

Figura 2.48. Reglas de navegación.

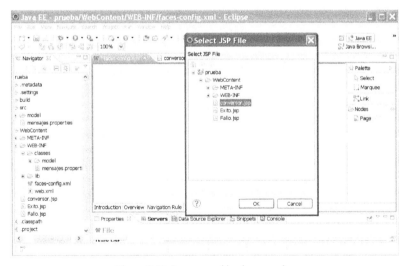

Figura 2.49. Incorporación de un nodo.

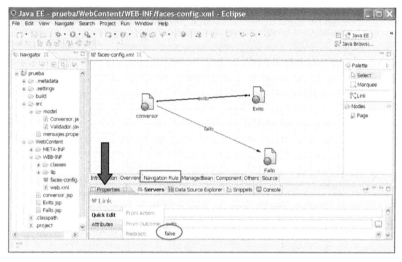

Figura 2.50. Incorporación de reglas de navegación.

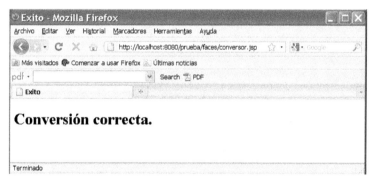

Figura 2.51. Exito.jsp.

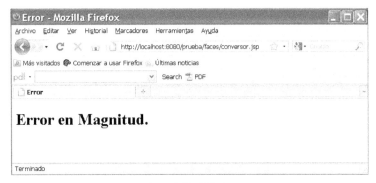

Figura 2.52. Fallo.jsp.

Capítulo 3

Introducción a los servicios web

El objetivo de este capítulo es conocer los servicios web como solución para el desarrollo de aplicaciones distribuidas. Los servicios web presentan algunos aspectos interesantes como son:

- Acceso independiente de la plataforma, lenguaje o modelo de objetos que se utilice.

- Tecnologías utilizadas.

- Topología.

- Componentes de un servicio.

- Estructura de un mensaje SOAP.

- Escenarios de uso.

"Un servicio web es una aplicación identificada mediante una URI, cuyo uso es capaz de ser definido, descrito y descubierto mediante XML, soporta interacciones con otras aplicaciones usando mensajes basados en XML y protocolos de Internet". Los servicios web se basan en las siguientes ideas:

1. Un formato basado en XML que describe la interfaz del componente (sus métodos y atributos). Este formato es el WSDL (Web Service Description Language).

2. Un formato de mensajes que permite que una aplicación interaccione (use, instancie, llame y ejecute) con el servicio web. El formato recibe el nombre de SOAP (Simple Object Access Protocol).

3. Un protocolo de aplicación que se encargue del transporte de los mensajes. Por lo general este protocolo es HTTP.

La topología de un servicio web se muestra en la figura 3.1:

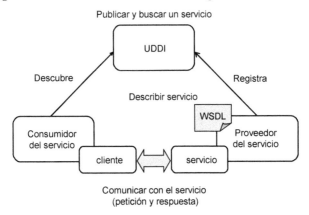

Figura 3.1. Topología de un servicio web.

En la figura 3.1, se observa como existe un proveedor de servicios, que proporciona los servicios y un consumidor, que es el cliente del servicio. Para consumir el servicio, se intercambian mensajes basados en XML. El lenguaje utilizado para codificar estos mensajes se llama SOAP. Se puede apreciar como los distintos servicios pueden describirse a través de un lenguaje XML denominado WSDL. Haciendo uso de estos documentos WSDL, se pueden crear clases cliente que accedan al servicio a alto nivel, ocultado los protocolos de nivel de aplicación, encapsulamiento de la información en mensajes, codificacion, etc. Esto se puede apreciar en la figura 3.2.

Los distintos servicios se pueden registrar en un UDDI (Universal Description Discovery and Integration) para que puedan ser descubiertos por el consumidor de servicios. UDDI facilita los procesos de publicación y descubrimiento, constituyendo un registro de servicios web. A la hora de registrar un servicio, puede clasificarse usando distintas taxonomías.

En el modo de funcionamiento más general, un cliente haciendo uso de UDDI encuentra un determinado servicio y accede a la descripción del mismo a través de un documento WSDL. Utilizando el WSDL, el cliente genera una clase Proxy para comunicarse con el servicio. Este Proxy oculta los procesos de comunicación con el servicio, y proporciona al cliente clases y métodos a alto nivel para ser usado por el resto de aplicación cliente.

A la hora de desarrollar una aplicación:

- No es necesario describir la interfaz del componente.

- No es obligatorio usar UDDI para publicar y buscar los servicios.

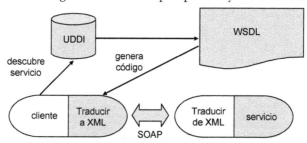

Figura 3.2. Construcción de un Proxy a partir de la descripción del servicio.

SOAP es un lenguaje XML utilizado para el intercambio de mensajes entre clientes y servicio. Los mensajes de petición y respuesta tienen un formato definido. A continuación se muestra un ejemplo de los mensajes de petición y respuesta SOAP.

Estructura de un mensaje SOAP: petición

La figura 3.3 muestra un mensaje de petición SOAP. En este caso, el protocolo de aplicación que se utiliza es HTTP, concretamente se trata de un mensaje HTTP POST. En el campo de datos, se puede apreciar el mensaje SOAP, donde existe un elemento raíz llamado *<Envelope>*. Los nombres de los métodos remotos que se invocan aparecen expresados como elementos de un espacio de nombres *ns1*, que está constituido por todos los métodos y parámetros del servicio. Por ejemplo, se puede observar en esta captura como se invoca a un método llamado *echoString*, donde se pasa un argumento llamado *arg0* de tipo *String* con valor "*HOLA*".

Este mecanismo de intercambio de información entre cliente y servicio es independiente del lenguaje en que estén programados. Garantiza un acceso independiente de la plataforma (sistema operativo), lenguaje o modelo de objetos que se utilice, tal y como se comentaba en la introducción de este capítulo.

```
POST /axis/services/echo HTTP/1.0
Content-Type: text/xml; charset=utf-8
Accept: application/soap+xml, application/dime, multipart/related, text/*
User-Agent: Axis/1.3
Host: 127.0.0.1:80
Cache-Control: no-cache
Pragma: no-cache
SOAPAction: ""
Content-Length: 505

<?xml version="1.0" encoding="UTF-8"?><soapenv:Envelope
xmlns:soapenv="http://schemas.xmlsoap.org/soap/envelope/"
xmlns:xsd="http://www.w3.org/2001/XMLSchema"
xmlns:xsi="http://www.w3.org/2001/XMLSchema-instance"><soapenv:Body><ns1:echoString
soapenv:encodingStyle="http://schemas.xmlsoap.org/soap/encoding/"
xmlns:ns1="http://soapinterop.org/"><ns1:arg0 xsi:type="soapenc:string"
xmlns:soapenc="http://schemas.xmlsoap.org/soap/encoding/">HOLA</ns1:arg0></ns1:echoString></soapenv:B
ody></soapenv:Envelope>
```

Figura 3.3. Mensaje de petición SOAP.

Estructura de un mensaje SOAP: respuesta

La figura 3.4 muestra un mensaje de respuesta SOAP situado en el campo de datos de un mensaje de nivel de aplicación HTTP. En este ejemplo existe un elemento llamado <*echoStringResponse*>, que contiene la respuesta del metodo *echoString*. Este elemento es de tipo *String* y el valor que devuelve es "*HOLA*". Por cada método, existe un elemento *Response* asociado.

```
HTTP/1.1 200 OK
Content-Type: text/xml;charset=utf-8
Date: Mon, 14 Nov 2005 17:16:34 GMT
Server: Apache-Coyote/1.1
Connection: close

<?xml version="1.0" encoding="utf-8"?><soapenv:Envelope
xmlns:soapenv="http://schemas.xmlsoap.org/soap/envelope/"
xmlns:xsd="http://www.w3.org/2001/XMLSchema"
xmlns:xsi="http://www.w3.org/2001/XMLSchema-instance"><soapenv:Body><ns1:echoStringResponse
soapenv:encodingStyle="http://schemas.xmlsoap.org/soap/encoding/"
xmlns:ns1="http://soapinterop.org/"><echoStringReturn xsi:type="soapenc:string"
xmlns:soapenc="http://schemas.xmlsoap.org/soap/encoding/">HOLA</echoStringReturn></ns1:echoStringRes
ponse></soapenv:Body></soapenv:Envelope>
```

Figura 3.4. Mensaje de respuesta SOAP.

Los servicios web tienen distintos escenarios de uso, siendo algunos de ellos:

- Servicios simples y públicos, accesibles desde Internet. Por ejemplo, cálculo del coste de envío de un paquete usando una empresa de transporte en función de distintos parámetros: origen, destino, peso y hora de entrega.

- Integración de aplicaciones. Un ejemplo es su uso como extensión de aplicaciones para permitir el acceso a otros sistemas, facilitando las transacciones empresa-empresa.

- Sistemas GRID. División de una aplicación en distintas partes que se ejecutan en máquinas diferentes. Se divide el problema en tareas y se resuelven cada una de ellas en un nodo de computación distinto.

SOA (Service Oriented Architecture) se define como un método para diseñar y construir aplicaciones distribuidas. La funcionalidad es accesible por otras aplicaciones a través de interfaces publicados y que pueden ser descubiertos. Los servicios web representan una implementación de una *arquitectura orientada al servicio*: una colección de servicios que pueden comunicarse entre ellos.

3.1. Desarrollo de servicios web

Los servicos web que se presentan en este capítulo están basados en java, concretamente se hace uso de Apache Axis. Se usa en conjunción con el servidor Apache Tomcat, disponiendo de funciones para crear clientes.

A continuación se muestra un ejemplo de servicio web. Su funcionalidad la proporciona una clase java llamada Hola. Esta clase tiene un método (echoString) que devuelve el valor que se pasa como argumento. Como entorno de desarrollo se utiliza *Eclipse*, aunque se deja al lector la elección de aquel que se ajuste a sus preferencias. La clase propuesta es la siguiente:

Hola.java

```java
package paquete;
public class Hola {
    public String echoString(String str) {
        return str;
    }
}
```

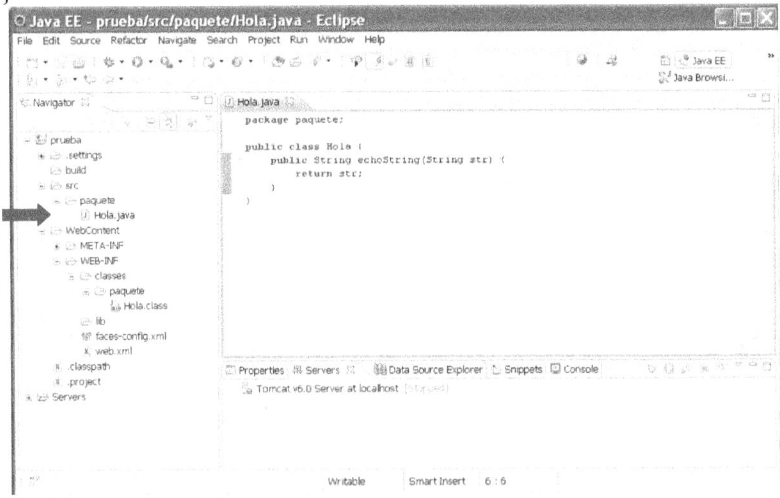

Figura 3.5. Clase que implementa el servicio.

Si se desarrolla con eclipse, creamos un nuevo proyecto como dy*namic web project*, y en la carpeta **/src** incluimos la clase **Hola** (figura 3.5).

Una vez compilada la clase, se crea un nuevo servicio web haciendo uso del menú *Web Service*, tal y como muestra la figura 3.6. A continuación, el asistente solicita el nombre de la clase que va a implementar el servicio (figura 3.7). Una vez elegida la clase, se indica los métodos que se van a publicar. El ejemplo elegido únicamente contiene un método, *echoString*, que marcamos para su publicación (figura 3.8). Para el correcto funcionamiento del servicio es importante que el servidor esté funcionando, en caso de no ser así, el propio asistente lo va a solicitar.

En las figuras 3.9 y 3.10 se observa el servicio web creado. El asistente ha añadido las bibliotecas (*axis.jar*, etc.) necesarias para el funcionamiento del servicio. Además se han incluido los archivos que describen el despliegue de servicio (*deploy.wsdd*) y la descripción del servicio a través de un documento WSDL (*Hola.wsdl*).

Figura 3.6. Generación del servicio web.

123

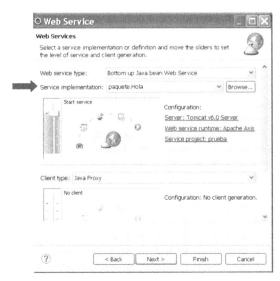

Figura 3.7. Elección de la clase que implementa el servico

Figura 3.8. Publicación de los métodos del servicio.

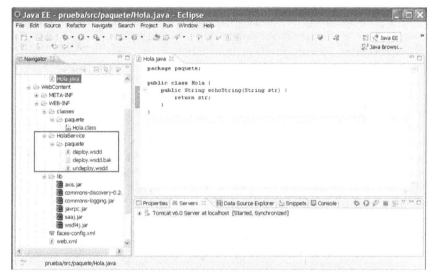

Figura 3.9. Servicio web creado a partir de la clase Hola.

Figura 3.10. Bibliotecas incluidas para el correcto funcionamiento del servicio.

Los archivos deploy.wsdd y undeploy.wsdd están expresados en un lenguaje XML y sirven para añadir un servicio web o quitarlo respectivamente. Para el servicio creado contienen la siguiente información:

deploy.wsdd

```
<deployment xmlns="http://xml.apache.org/axis/wsdd/" ...>
  <service name="Hola" provider="java:RPC" style="wrapped" use="literal">
    <parameter name="wsdlTargetNamespace" value="http://paquete"/>
    <parameter name="wsdlServiceElement" value="HolaService"/>
    <parameter name="schemaQualified" value="http://paquete"/>
    <parameter name="wsdlServicePort" value="Hola"/>
    <parameter name="className" value="paquete.Hola"/>
    <parameter name="wsdlPortType" value="Hola"/>
    <parameter name="typeMappingVersion" value="1.2"/>
    <parameter name="allowedMethods" value="echoString"/>
  </service>
</deployment>
```

undeploy.wsdd

```
<undeployment xmlns="http://xml.apache.org/axis/wsdd/">
  <service name="Hola"/>
</undeployment>
```

La figura 3.11 muestra un resumen del servicio creado a partir de la clase escrita en Hola.java. Para comprobar que el servicio funciona, se puede usar un navegador como cliente e invocar el servicio a través de la ruta: /services/Hola. Si el servicio funciona, el servidor nos devuelve una respuesta como la mostrada en la figura 3.12.

Si se desea obtener la descripción del servicio (WSDL), se hace uso de un navegador web solicitando un recurso con una URL como la mostrada en la figura 3.13. La dirección del recurso que contiene esta definición tiene la siguiente estructura: *nombre de la aplicación/wsdl/servicio.wsdl*

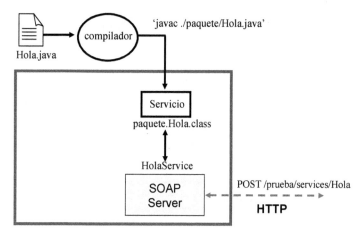

Figura 3.11. Resumen del servicio creado.

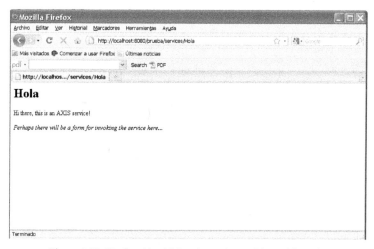

Figura 3.12. Verficación del funcionamiento del servicio web.

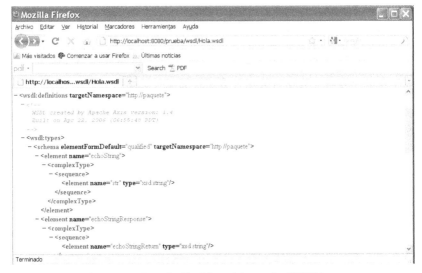

Figura 3.13. Descripción del servicio creado (WSDL).

Siguiendo el ejemplo, la localización de la descripción del servicio es: /prueba/wsdl/Hola.wsdl

3.2. Consumir servicios web

El mecanismo más simple para consumir servicios web es generar una clase *Proxy* o *Stub*, haciendo uso de la descripción del servicio existente en un documento WSDL. Axis permite crear clases de forma automática para construir clientes que acceden a servicios remotos. Las clases java que se generan son:

Elemento	Clase generada
SoapBindingStub	Clase Stub. Contiene el código que transforma las invocaciones a los métodos en llamadas SOAP. Se constituye como proxy para el servicio remoto, permitiendo invocarlo como si se tratase de un objeto local. No se necesita operar con URLs, espacios de nombres o arrays de parámetros (oculta el uso de objetos Service y Call).
Proxy	Clase que contiene métodos con idéntico nombre que los métodos remotos. Se debe construir un objeto de esta clase para implementar el cliente.
Service	a) Interfaz del servicio. Genera un método get por cada puerto que aparece en el elemento service.
	b) Locator. Implementación de la interfaz del servicio. Funciona como un 'localizador' a la hora de obtener instancias de la clase 'stub'. La clase 'service' genera un stub que apunta a la URL donde se localiza el servicio descrito en el fichero WSDL.

Desde Eclipse se puede generar un cliente utilizando el asistente *Web Service Client*, tal y como muestra la figura 3.14. A continuación se elige la localización del archivo que contiene la definición del servicio (figura 3.15). Las distintas clases generadas se pueden apreciar en la figura 3.16.

Figura 3.14. Generación de un cliente de servicio web.

Figura 3.15. Elección de la definición del servicio (WSDL).

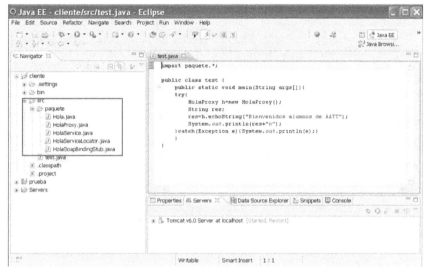

Figura 3.16. Clases (Proxy y Stub) generadas a partir del WSDL.

La clase *HolaProxy* contiene métodos con idénticos nombres que los implementados en la clase *Hola* (servicio). Si se crea un objeto a partir de *HolaProxy*, al llamar a uno de sus métodos se tiene la sensación de estar invocando directamente al servicio. Esto puede apreciarse en el código que se presenta a continuación: hay un objeto de la clase *HolaProxy* y se llama al método *echoString* al que se pasa la cadena "Bienvenidos alumnos de AATT".

```java
import paquete.*;
public class test {
    public static void main(String args[]){
        try{
            HolaProxy h=new HolaProxy();
            String res;
            res=h.echoString("Bienvenidos alumnos de AATT");
            System.out.println(res+"o");
        }catch(Exception e){System.out.println(e);}
    }
}
```

Para crear el cliente, es necesario añadir las bibliotecas AXIS al proyecto, tal y como se refleja en la figura 3.17 y 3.18. El resultado de la ejecución del cliente se muestra en la figura 3.19.

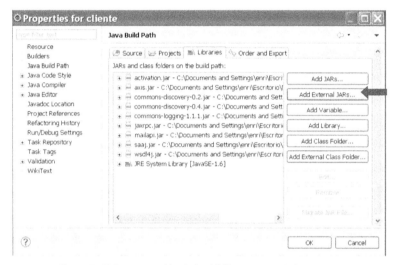

Figura 3.17. Incorporación de las bibliotecas AXIS al proyecto.

132

Figura 3.18. Bibliotecas AXIS necesarias para el cliente.

La figura 3.20 muestra un ejemplo de servicio web real proporcionado por Amazon. Otro ejemplo se puede encontrar en la dirección general del catastro, cuya dirección es: http://www.catastro.meh.es/ws/webservices_catastro.pdf.

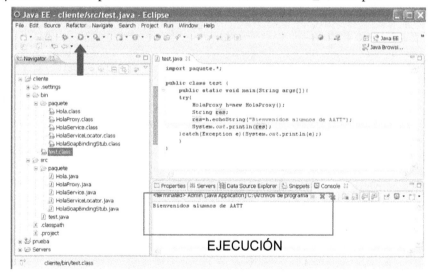

Figura 3.19. Ejecución del cliente que consume el servicio.

Figura 3.20. Servicios web de Amazon.

Capítulo 4

Aplicaciones en el cliente

Existen multiples lenguajes de programación para la creación de aplicaciones cliente: java, javaScript, etc. Nos vamos a centrar en algunas soluciones que se ejecutan en navegadores. Podemos tener:

- APPLETS. Basados en java, el applet se descarga del servidor cuando se carga la página web que lo referencia: <applet code="clase.class" height=alto width=ancho >

- JavaScript + XML.

- AJAX: **A**synchronous **J**avaScript **A**nd **X**ML. Ejemplo de aplicación en Google maps y GMail.

- JavaScript + SOAP.

Las aplicaciones programadas en javaScript interaccionan con objetos del navegador. El código puede incluirse en:

- La cabecera de un documento HTML, entre los elementos <head> y </head>, por ejemplo <script language="JavaScript" src="archivo.js"> </script>.

- En general en cualquier parte del documento HTML, mediante:
  ```
  <script type="text/javascript">
          ... codigo JavaScript...
  </script>
  ```

135

4.1. Aplicaciones AJAX

Son aplicaciones basadas en javaScript y DOM (Document Object Model). Es una tecnología asíncrona, en el sentido de que los datos adicionales se solicitan al servidor y se manipulan en segundo plano, sin interferir con la visualización. Ajax es una combinación de tecnologías ya existentes:

- HTML y CSS.
- Document Object Model (DOM) accedido con un lenguaje de script.
- El objeto XMLHttpRequest para intercambiar datos de forma asíncrona con el servidor web.
- XML, usado para la transferencia de datos solicitados al servidor.

Algunas aplicaciones que usan AJAX son

- Google Maps.
- Gmail.
- Ruby on Rails.
- Flickr.

Ejemplo de aplicación AJAX

Sea una base de datos llamada aatt, que contiene un objeto llamado p2pm con una serie de atributos tal como se muestra en la figura 4.1.

Para cada valor del atributo *title*, existe un valor del atributo *location*. Se pretende crear una aplicación cliente usando Ajax, que permita seleccionar un valor de *title* y obtener el valor asociado del atributo *location*. La aplicación cliente tiene un código como:

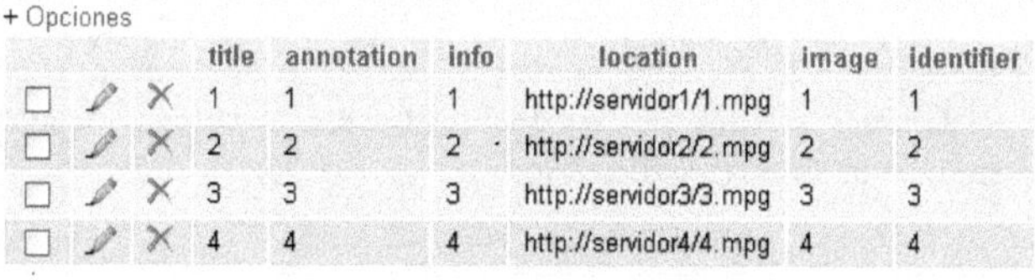

			title	annotation	info	location	image	identifier
☐	✎	✕	1	1	1	http://servidor1/1.mpg	1	1
☐	✎	✕	2	2	2 ·	http://servidor2/2.mpg	2	2
☐	✎	✕	3	3	3	http://servidor3/3.mpg	3	3
☐	✎	✕	4	4	4	http://servidor4/4.mpg	4	4

Figura 4.1. Atributos del objeto p2pm.

test.html

```
<form>
<select name="users" onchange="showLocation(this.value)">
<option value="">Selecciona un archivo:</option>
<option value="1">Titulo 1</option>
<option value="2">Titulo 2</option>
<option value="3">Titulo 3</option>
<option value="4">Titulo 4</option>
</select>
</form>
<div id="txtHint"><b>La localizacion del archivo se presenta aqui.</b>
</div>
function showLocation(str){
if (str=="")  {
  document.getElementById("txtHint").innerHTML="";
  return; }
if (window.XMLHttpRequest)
  {// code for IE7+, Firefox, Chrome, Opera, Safari
  xmlhttp=new XMLHttpRequest();
  } else  {// code for IE6, IE5
  xmlhttp=new ActiveXObject("Microsoft.XMLHTTP");
  }
xmlhttp.onreadystatechange=function() {
        if (xmlhttp.readyState==4 && xmlhttp.status==200)   {
document.getElementById("txtHint").innerHTML=xmlhttp.responseText;
    }
  }
xmlhttp.open("GET","getLocation.jsp?title="+str,true);
xmlhttp.send();
}
```

137

Cuando se visualiza el documento test.html, el aspecto que presenta es similar a la figura 4.2. Se elige un valor de title y se envía a la aplicación de servidor (*getLocation.jsp*) que se encarga de buscar el valor asociado de *location*. Para ello se hace uso de la instrucción:

xmlhttp.open("GET","getLocation.jsp?title="+str,true);

La aplicación de servidor busca el valor de *location* asociado al de *title* seleccionado. Para ello efectua una consulta del tipo *"select location from aatt.p2pm where title like"*. El valor se envia a la aplicación Ajax y es visualizado a través de: *document.getElementById("txtHint").innerHTML=xmlhttp.responseText;*

Figura 4.2. Documento para comprobar el cliente Ajax.

El valor devuelto es ubicado en el objeto llamado *textHint* (figura 4.3). El código de la aplicación de servidor es:

getLocation.jsp

```
String location=new String("");
String res=request.getParameter("title");
String sql="select location from aatt.p2pm where title like '%"+res+"%'";
try{
  Connection conn;
  Statement stm;
  ResultSet rs;
  Class.forName("com.mysql.jdbc.Driver");

conn=DriverManager.getConnection("jdbc:mysql://127.0.0.1/aatt","root","");
  stm=conn.createStatement();
  rs=stm.executeQuery(sql);
  rs.next();
  location=rs.getString("location");
  rs.close();
  stm.close();
  conn.close();
  }catch(Exception e){}
out.println("<table border='1'>");
out.println("<tr><td>"+location+"</td></tr></table>");
```

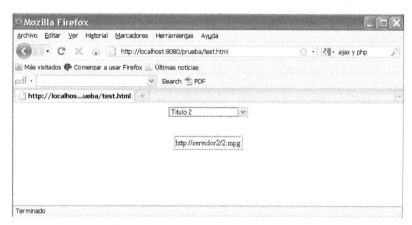

Figura 4.3. Resultado de la consulta Ajax.

4.2. Aplicaciones con jQuery

jQuery es una biblioteca javascript para crear aplicaciones cliente, muy fácil de usar haciendo que disminuya el tiempo de desarrollo. Proporciona soluciones muy portables a multiples navegadores. Un elemento muy útil es su Api para AJAX. Para utilizar esta biblioteca, es necesario incluir en la cabecera del documento el siguiente código:

```
<script type="text/javascript" language="javascript" src="jquery.js">
```

A continuación se presentan algunos ejemplos de jQuery y Ajax.

Ejemplo: Petición de datos a un servidor

El siguiente código realiza una petición Ajax a un recurso y se almacena el contenido del mismo en la variable result. El método usado es de tipo GET.

```
// Localicazación del recurso
var file='http://host/media/file.svg';
$.ajax({
        type: "GET",
        url: file,
        async: false,
        success: function(data){
          result = data;
        }
});
```

Ejemplo: Envío de datos a un servidor

En este ejemplo se envían dos parámetros (ítems, id) con sus valores asociados a la aplicación de servidor *add.jsp*. Cuando dicho proceso tiene éxito, se pueden ejecutar las instrucciones que nos interesen. Ese código se incluye en el parámetro *success*.

```
function fnClickAddRow() {
    $.ajax({
    type: "POST",
            url: "add.jsp",
            data: "items=0,0,0,0,0,0&id="+insertid,
            success: function(data){
                gaiSelected=[];insertid="";id="";
            }
    })
}
```

Ejemplo: Petición de datos a un servidor codificados con JSON

Se puede realizar una petición a una aplicación de servidor, en este caso *play.jsp*, y guardar los datos que devuelve con una codificación JSON. En este ejemplo, el resultado se almacena en el objeto *data*, y se accede a él a través de sus parámetros asociados: {url, iniciovideo, visualizado}.

```
<head>
<script type="text/javascript" language="javascript"
        src="jquery.js"></script>
</head>
```

Ejemplo: Petición de datos a un servidor

```
var url_play='http://host/media/play.jsp';
$.ajax({
        url: url_play,
        dataType: "json",
                success: function(data){
                        ur=data.url;
                        ini=parseInt(data.iniciovideo);
                        visu=data.visualizado;
                }
        });
```

141

JSON es un formato de datos para representar objetos. Se usa para serializar y transmitir estructura de datos a través de una conexión. Su utilidad es el intercambio de datos entre aplicaciones web, constituyendose como una alternativa a XML. Un ejemplo de codificación JSON es la siguiente:

```
{
    "firstName": "Nombre",
    "lastName": "Ape",
    "age": 25,
    "address":
    {
        "streetAddress": "Afonso X 28",
        "city": "Linares",
        "state": "JAEN",
        "postalCode": "23700"
    },
    "phoneNumber":
    [
        {
            "type": "casa",
            "number": "953 000 000"
        },
        {
            "type": "fax",
            "number": "953 000 000"
        }
    ]
}
```

Ejemplo: Envío temporizado de datos a un servidor

Es posible enviar un conjunto de datos a un servidor cada cierto tiempo. Para ello, se puede utilizar un código como el siguiente:

```
var settings2 = jQuery.extend(true, {
                url: './rx.jsp',
                method: 'get',
                interval: '3000'
            });
```

```
var timerInterval = settings2.interval;
var ajaxSettings = jQuery.extend(true, {}, settings2);


ajaxSettings.dataType = settings2.type;
ajaxSettings.type = settings2.method;
ajaxSettings.success = function(data) {
        PeriodicalTimer = setTimeout(getdata, timerInterval);
        if (data!='') {    // acciones}
};

$(function() { getdata(); });
function getdata() { $.ajax(ajaxSettings); }
```

4.3. Servicios web con jQuery

Con jQuery es posible acceder a servicios web. Esto posibilita crear aplicaciones cliente que se ejecutan en navegadores web. Para ilustrar esta funcionalidad se ha creado el ejemplo mostrado en la figura 4.4. Se ha construido un servicio llamado *EchoService* (figura 4.5), implementado a través de una clase llamada *Echo* y devuelve el mensaje que se envía desde el cliente. Para crear el cliente, es necesario hacer uso de la biblioteca *jquery.webservice.js*.

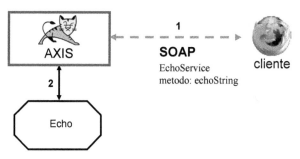

Figura 4.4. Acceso a un servicio web usando un cliente jQuery.

El servicio web se implementa con la clase *Echo*, mostrada a continuación:

Echo.java

```
package test;
public class Echo {
    public String echoString(String str){
        return str;
    }
}
```

El cliente que será visualizado en el navegador se implementa con el siguiente código:

Figura 4.5. Servicio web EchoService con jQuery.

Formu.html

```
<html>
<head>
  <script type="text/javascript" src="lib/jquery.js"></script>
  <script type="text/javascript" src="jquery.webservice-1.0.js"></script>
  <link rel="stylesheet" type="text/css" href="main.css" />
</head>
<body>
  <center>
  <h1>WEB SERVICE JQUERY</h1>

  <script type="text/javascript">
    $(document).ready(function(){
        $.webservice({
              url: "http://localhost:8080/ws/services/Echo",
              data: {str:"hola Mundo!"},
              dataType: "text",
              nameSpace: "http://test/",
              methodName: "echoString",
              success:function(data,textStatus){
                      $("#ejemplo").html(data);
                      }
              });
    });
  </script>
  <br/>
  <div id="ejemplo"></div>
  </center>
</body>
</html>
```

Al cargar esta aplicación en el navegador, se envía la cadena "hola Mundo!" al servicio, invocando su método *echoString*. Este método devuelve la misma cadena, y se añade al elemento *div* designado con el nombre *ejemplo* (<div id="ejemplo">). El resultado se muestra en la figura 4.6.

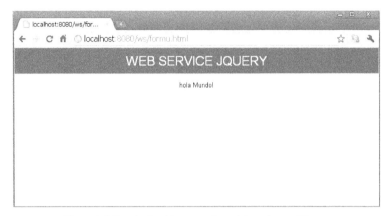

Figura 4.6. Resultado al invocar el servicio web con jQuery.

Figura 4.7. Aplicación ejemplo de transformaciones XSLT en el cliente.

4.4. XSLT con jQuery

Con jQuery se pueden realizar transformaciones XSLT en el cliente. En este apartado se presentan tres ejemplos de tranformación. En el primero de ellos, tanto el documento XML como XSL se solicitan remotamente desde el cliente y se realiza la transformación. En el segundo caso, el código XSL se incrusta en el propio documento HTML, mientras que la información XML se solicita a un servidor remoto. En el tercer ejemplo, se realiza una transformación con un criterio de búsqueda. La aplicación ejemplo se presenta en la figura 4.7.

Ejemplo: XSLT remoto

En este ejemplo se realiza una transformación XSLT en el cliente usando un documento XSL situado en un servidor remoto. Las reglas de transformación se encuentran en un archivo llamado **xslt-test.xsl** y el documento a transformar en un archivo **xslt-test.xml**. El resultado de la transformación se muestra en la figura 4.8.

xslt-test.xml

```
<?xml version="1.0"?>
<clase>
    <alumno>
      <dni>1</dni>
            <nombre>Nombre1</nombre>
    </alumno>
    <alumno>
      <dni>2</dni>
            <nombre>Nombre2</nombre>
    </alumno>
    <alumno>
      <dni>3</dni>
            <nombre>Nombre3</nombre>
    </alumno>
    <alumno>
      <dni>4</dni>
            <nombre>Nombre4</nombre>
    </alumno>
</clase>
```

147

transform1.html

```html
<html>
<head>
  <script type="text/javascript" src="lib/jquery.js"></script>
  <script type="text/javascript" src="jquery.xslt.js"></script>
  <link rel="stylesheet" type="text/css" href="main.css" />
</head>
<body>
  <center>
  <h1>EJEMPLO DE XSLT (xslt remoto)</h1>
  <script type="text/javascript">
    $(function() {
      $.ajax({
              url: 'xslt-test.xml',
              dataType: 'html',
              success: function(data) {
                // codigo
              }
      });
      $.ajax({
              url: 'xslt-test.xsl',
              dataType: 'html',
              success: function(data) {
                // codigo
              }
      });

      $('#salida').xslt({xmlUrl: 'xslt-test.xml', xslUrl: 'xslt-test.xsl'});
    });
  </script>
  <div id="salida"></div>
  </center>
</body>
</html>
```

xslt-test.xsl

```
<?xml version='1.0'?>
  <xsl:stylesheet>
  <xsl:template match='/'>
    <xsl:for-each select='clase/alumno/nombre'>
            <xsl:value-of select='.'/><br/>
    </xsl:for-each>
  </xsl:template>
  </xsl:stylesheet>
```

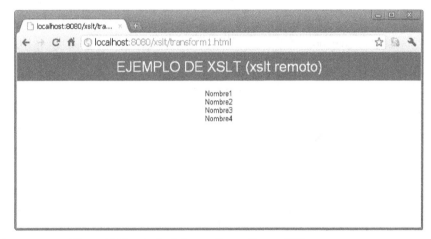

Figura 4.8. Resultado de la transformación con XSL remoto.

Ejemplo: XSLT en el código javaScript

En este ejemplo se realiza una transformación XSLT en el cliente usando sentencias XSLT situado en el código javaScript. El documento a transformar está ubicado en un archivo **xslt-test.xml**. El resultado de la transformación se muestra en la figura 4.9.

149

transform2.html

```
<html>
<head>
  <script type="text/javascript" src="lib/jquery.js"></script>
  <script type="text/javascript" src="jquery.xslt.js"></script>
  <link rel="stylesheet" type="text/css" href="main.css" />
</head>
<body>
  <center>
  <h1>EJEMPLO DE XSLT (xslt en javascript)</h1>

  <script type="text/javascript">
    $(function() {
      $.ajax({
              url: 'xslt-test.xml',
              dataType: 'html',
              success: function(data) {
                // codigo
                }
        });
      var xsltest="<?xml version='1.0'?>\
       <xsl:stylesheet>\
       <xsl:template match='/'>\
         <xsl:for-each select='clase/alumno/nombre'>\
                      <xsl:value-of select='.'/><br/>\
         </xsl:for-each>\
       </xsl:template>\
       </xsl:stylesheet>";

       $('#salida').xslt({xmlUrl: 'xslt-test.xml', xsl: xsltest});

    });
  </script>
  <br/>
  <div id="salida"></div>
  </center>
</body>
</html>
```

Ejemplo: consulta utilizando XSLT

El siguiente código muestra como se puede realizar una consulta sobre un código XML existente en un documento remoto, haciendo transformaciones XSLT. El documento a transformar está ubicado en un archivo **xslt-test.xml**. El resultado de la consulta se muestra en la figura 4.10. Se muestra el nombre cuyo dni sea igual a 4.

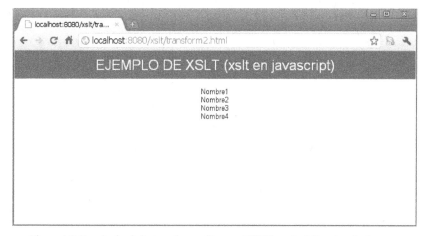

Figura 4.9. Resultado de la transformación con XSLT en el código javaScript.

transform3.html

```
<html>
<head>
  <script type="text/javascript" src="lib/jquery.js"></script>
  <script type="text/javascript" src="jquery.xslt.js"></script>
  <link rel="stylesheet" type="text/css" href="main.css" />
</head>
<body>
  <center>
  <h1>EJEMPLO DE XSLT (consulta usando xslt)</h1>
  <script type="text/javascript">
    $(function() {
```

```
$.ajax({
        url: 'xslt-test.xml',
        dataType: 'html',
        success: function(data) {
          // codigo
        }
});

// valor de consulta, se busca el dni cuyo valor es 4
var valor_dni="4";
var xsltest="<?xml version='1.0'?>\
  <xsl:stylesheet>\
  <xsl:template match='/'>\
    <xsl:for-each select='clase/alumno'>\
      <xsl:if test='dni="'+valor_dni+'"'>\
        <xsl:value-of select='./nombre'/><br/>\
      </xsl:if>\
    </xsl:for-each>\
  </xsl:template>\
  </xsl:stylesheet>";

$('#salida').xslt({xmlUrl: 'xslt-test.xml', xsl: xsltest});
});
</script>
<br/>
<div id="salida"></div>
</center>
</body>
</html>
```

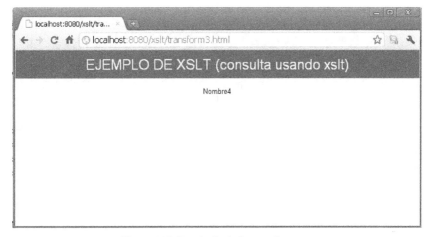

Figura 4.10. Resultado de la consulta.

Capítulo 5

Proyecto "Intercambio p2p de contenidos multimedia"

El objetivo principal de este proyecto es repasar los conceptos teóricos y prácticos estudiados en los capítulos anteriores. Para ello, se creará un servicio constituido por distintas aplicaciones basadas en el lenguaje de programación java. El servicio que se pondrá en marcha debe ser capaz de:

a) Intercambiar archivos multimedia entre distintos usuarios. Para ello, estos archivos deben estar ubicados en un directorio destinado a tal fin.

b) Publicar en un directorio centralizado localizado en un servidor los nombres de los distintos archivos multimedia que están en el directorio compartido. Así mismo, se debe publicar la URL donde se encuentran ubicados los distintos archivos.

c) Realizar búsquedas de archivos dentro del directorio centralizado.

d) Reproducir y descargar un archivo desde su ubicación haciendo uso de la información obtenida en la consulta.

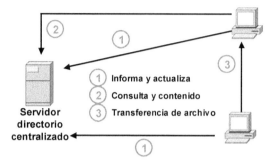

Figura 5.1. Estructura general de la aplicación p2p para el intercambio de contenidos multimedia.

Se asumen algunas condiciones con el objeto de reducir la complejidad:

1. Las direcciones IP de los usuarios nunca cambian, son fijas.

2. Se supone que los clientes siempre están conectados. Por tanto toda la información que se pueda localizar en el directorio centralizado se corresponde con los archivos que un cliente posee en ese mismo instante.

3. Durante la descarga no se interrumpirá la conexión.

4. Si existe un error en el archivo, o no se transfirió por completo, hay que realizar de nuevo toda la transferencia.

El proyecto está dividido en distintas fases. En cada una de ellas se desarrollará un conjunto de programas que tendrán que ver con los distintos conceptos estudiados en los capítulos. Todos los componentes necesarios así como una posible solución están disponibles en la dirección:

http://www4.ujaen.es/~jemunoz/aatt-libro

Al final de este capítulo se proporcionan los códigos fuentes de las aplicaciones mas importantes de este proyecto.

Fase 1: Generación de contenidos usando XML

La siguiente fase tiene como objetivo reforzar los conocimientos adquiridos relativos a representación de la información. Se tendrá contacto con la generación de contenidos haciendo uso de XML. Consta de tres apartados:

a) Como primera tarea, se tratará de definir un lenguaje de marca que permita describir contenidos adaptados a un tipo específico de contenido.

Una vez definido el lenguaje que se adapta a los requisitos propuestos, se probarán con distintos documentos ejemplos, para verificar que están bien formados y son válidos para el SCHEMA creado.

b) En un segundo apartado, se procederá a configurar un contenedor de servlets (Tomcat). Se creará una aplicación de servidor que sea capaz de generar una lista de archivos compartidos por el usuario. Esta lista estará expresada en el lenguaje de marca que se ha definido en el primer apartado.

c) En un último apartado, se procederá a la creación de documentos de transformación XSL, para conseguir la visualización de la lista y la reproducción de los contenidos multimedia seleccionados.

Objetivos:

- Practicar con los conocimientos estudiados relativos a formatos y representación de la información.

- Generar documentos basados en XML y verificar la validez de los mismos. Para ello se diseñarán los experimentos que se consideren necesarios.

- Generar archivos XSL para realizar transformaciones de documentos basados en un vocabulario a otro distinto.

- Entender la razón de la necesidad de efectuar las transformaciones a otros lenguajes de marca, haciendo hincapié en las diferencias entre la transformación en el cliente y transformación en el servidor.

- Construir una aplicación de servidor basada en JSP.

157

1. Definición de un lenguaje de marca

El lenguaje que va a usarse se llama XSPF y es un lenguaje de marcas basado en XML que se ha definido para compartir listas de reproducción. Para una mayor información, se puede consultar la dirección: http://xspf.org.

En este proyecto sólo se usan algunos elementos de XSPF, por lo que a partir de este momento los documentos van a tener una serie de características como son:

a) Todos los documentos están contenidos entre las marcas **\<playList\>** y **\</playList\>**. Éste será el nodo raíz.

b) El elemento \<**playList**\> tiene un único elemento llamado **\<trackList\>**. Éste puede estar vacío o puede contener uno o más elementos **\<track\>**. Existe un elemento **\<track\>** por cada archivo multimedia disponible para ser compartido. A su vez, cada uno de estos elementos **\<track\>** puede tener los siguientes elementos:

\<title\>	Para designar el nombre/titulo de un archivo.
\<annotation\>	Descripción del archivo.
\<info\>	Ubicación del servidor que contiene los archivos.
\<location\>	Ubicación de los archivos.
\<image\>	Imagen (carátula) asociada al archivo.
\<identifier\>	Identificador único del archivo (código hash).

c) El elemento **\<title\>** tiene como valor el nombre de un archivo que es compartido. Su valor es texto.

d) El elemento **\<annotation\>** describe un archivo multimedia. Puede contener un comentario relativo al contenido del archivo. Su valor es texto.

e) El elemento **\<info\>** indica la ubicación del servidor que contiene los archivos.

f) El elemento **<location>** e **<image>** sirven para localizar el archivo multimedia y para indicar la localización de una imagen asociada a dicho archivo. El valor de ambos elementos será una URL.

g) El elemento **<identifier>** se usa para identificar el archivo multimedia. Se trata de un código hash calculado al contenido del archivo. Su valor es una cadena de texto.

A continuación se muestra un ejemplo de documento generado en este lenguaje:

```
<?xml version='1.0'?>
<playList>
 <trackList>
  <track>
   <title>creativecommons.flv</title>
   <annotation>Video descargado para uso educativo, sin animo de
               lucro.</annotation>
   <info>http://192.168.13.1:8080/</info>
   <location>http://192.168.13.1:8080/shared/Starligth.flv</location>
   <image>http://192.168.13.1:8080/shared/Starlight.jpg</image>

<identifier>BDCCC9CCDA537ED5ECF47031494D224A</identifier>
  </track>
 </trackList>
</playList>
```

Se pide:

1.1. Construir un SCHEMA para este lenguaje.

1.2. Comprobar que el ejemplo anterior es un documento bien formado y válido.

2. Generación de la lista de archivos compartidos

La primera tarea a realizar en este punto es la creación de una aplicación basada en JSP y capaz de generar una lista de archivos compartidos por el usuario. Esta lista estará expresada en el lenguaje de marca que se ha definido en el primer apartado.

El nombre de la aplicación será: **p2p**. Dentro del directorio donde se encuentra instalado el servidor Tomcat (TOMCAT_HOME), existe un directorio llamado 'webapps'. Dentro de este directorio, crearemos un directorio con idéntico nombre al de la aplicación y donde se alojarán todos los objetos: */TOMCAT_HOME/webapps/p2p*. Dentro de este directorio residen los documentos XML y JSP, SWF y Javascript. En él, se creará el directorio /WEB-INF. */TOMCAT_HOME/webapps/p2p/WEB-INF* es un directorio que contiene todos los recursos necesarios para la aplicación y que no están disponibles al cliente.

La aplicación la compone un documento JSP, llamado *playlist.jsp*. En él deben realizarse las operaciones necesarias para obtener la lista de archivos compartidos por un usuario. Dentro del directorio /p2p, debe existir el directorio /shared, que es el directorio donde se encuentran los archivos multimedia que serán compartidos.

Si se solicita el recurso playlist.jsp, éste debe generar de forma dinámica una respuesta que contiene la lista de archivos compartidos. Esta respuesta contiene para cada uno de los archivos situados en el directorio /shared la siguiente información:

- El título (title).

- Descripción del archivo (annotation).

- Ubicación del servidor que contiene los archivos (info).

- Ubicación de los archivos (location).

- Imagen (carátula) asociada al archivo (image).

- Identificador único del archivo (identifier).

Sigue la estructura de los documentos creados con el lenguaje de marcas presentado en el primer apartado. Para generar el documento respuesta, se hará uso de la clase *PlayList* perteneciente al paquete *xmlista*, que se puede descargar de la dirección proporcionada en la introducción. Para utilizar este objeto en la aplicación *playlist.jsp*, se debe incluir el siguiente código:

```
<%@ page contentType="text/xml"%><%@ page
        import="xmlista.*"%><%
String dir=application.getRealPath("/");
String path=application.getContextPath();
String r;
PlayList pl=new PlayList();
r=pl.GetList(dir,path);System.out.println(r);
out.println(r);
%>
```

La clase *PlayList* contiene un método llamado *GetList(String dir, String path)* que es el encargado de generar la lista. Los parámetros de entrada indican el nombre del directorio de la aplicación y directorio real, respectivamente. Devuelve un String.

La directiva <%@page import %> indica el nombre del paquete que contiene la clase *PlayList*. Estas clases deben ubicarse en el directorio:

/TOMCAT_HOME/*webapps*/*p2p*/*WEB-INF*/*classes*/*xmlista*

3. Transformación de documentos usando XSL

En este apartado, se creará un documento XSL para transformar en el cliente el resultado generado por *playlist.jsp* y visualizarlo en un navegador web. El nombre de dicho documento será: *playlist.xsl*. Una vez procesado el documento con la hoja de estilo, el aspecto que debe presentar es el siguiente:

Figura 5.2. Documento HTML.

En este documento transformado debe aparecer un enlace para poder descargarse un archivo (Descarga video) y para poder reproducir el archivo a través de la aplicación "FlowPlayer". En el ejemplo mostrado en la figura 5.2, el enlace para reproducir el archivo se sitúa en la imagen asociada al archivo multimedia que aparece en la columna de la izquierda.

Nota: "FlowPlayer" es un reproductor de video basado en tecnología Flash (http://flowplayer.org/index.html), que puede ser descargado y usado bajo licencia GPL versión 3 (http://www.gnu.org/licenses/quick-guide-gplv3.html).

En un segundo ejercicio se realizará una aplicación con objeto de reproducir un archivo seleccionado usando flowplayer.swf. Para ello se creará la aplicación *player.jsp*. Cuando un cliente solicite el recurso *"player.jsp?url=my_url"*, se debe crear una respuesta que contenga un documento HTML donde exista una referencia al reproductor flash y al objeto multimedia a reproducir en el cliente.

A la hora de generar el código HTML en dicha aplicación, hay que tener en cuenta el código necesario para utilizar el reproductor propuesto. Esto puede consultarse en el ejemplo descargado. El aspecto que debe tener el documento transformado es el mostrado en la figura 5.3.

Un ejemplo de documento HTML para reproducir un objeto multimedia con flowplayer se presenta a continuación:

```html
<script type="text/javascript" src=" flowplayer-min.js "></script>
</head>
<body bgcolor="#aaaaee">
 <center>
   <h2><b>Reproducción del archivo</h2>
    <a  href="url_archivo.flv"
        style="display:block;width:425px;height:350px"
       id="player"></a>
   <script>
    flowplayer("player", "flowplayer.swf ");
   </script>
</center>
</body>
```

Figura 5.3. Reproductor de contenido multimedia.

Un esquema de la transformación cliente propuesta se presenta en la figura 5.4.

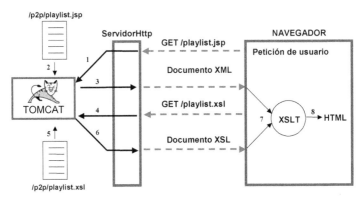

Figura 5.4. Transformación en el cliente.

Las distintas peticiones-respuestas que se originan entre cliente y servidor para realizar la reproducción del objeto multimedia se representa en la figura 5.5. Se observa como el cliente solicita al servidor el reproductor flash (flowplayer) y el objeto multimedia a visualizar.

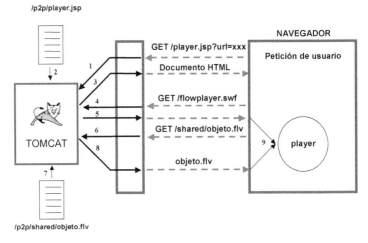

Figura 5.5. Reproducción del recurso multimedia en el cliente.

164

Fase 2: Acceso a BBDD usando JSP

En esta fase el lector deberá familiarizarse con la creación de aplicaciones de servidor que acceden a bases de datos. Este acceso se realizará usando una clase en java cuyo nombre será *playlist2db*.

Para la realización de la práctica, se utilizará un gestor de bases de datos tipo MySQL, creándose una base de datos llamada *aatt* y una entidad que tiene por nombre *p2pm*.

Las tareas se dividen en tres apartados:

a)   En el primer apartado se contempla la confección de una nueva clase, que posibilita el envió de la lista de archivos compartidos desde la aplicación cliente al contenedor del directorio centralizado.

b)   En un segundo apartado, se debe analizar y extraer la información del conjunto los datos que envía el cliente. Para ello se hará uso de un analizador SAX.

c)   En el tercer apartado, la información extraída de los datos enviados por el cliente se almacenarán en una base de datos (aatt). La manipulación de esta base de datos se efectuará usando JDBC.

Objetivos:

•   Aprender a extraer información de documentos expresados en un lenguaje de marca XML.

•   Conocer la estructura de aplicaciones basadas en JSF.

•   Crear una aplicación usando componentes.

•   Familiarización con aplicaciones web que acceden a bases de datos.

•   Practicar con JDBC para acceso a base de datos.

•   Usar SQL en aplicaciones.

165

1. Envío de la lista al servidor

La primera tarea a realizar en este punto, es la creación de una aplicación basada en JSF que sea capaz de enviar la lista de archivos compartidos al directorio centralizado.

Esta aplicación debe enviar los datos haciendo uso de un mensaje HTTP tipo POST. Dicho mensaje en su parte de datos contiene una pareja de elementos del tipo: parámetro=valor. Por un lado esta el nombre del parámetro ("lista") y por otro el valor del mismo, que será la información de archivos compartidos. El aspecto del mensaje de petición será parecido al siguiente:

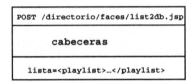

Figura 5.6. Mensaje HTTP.

La aplicación se llamará *envialista.jsp* y para simplificar su desarrollo, será invocada en el instante en que el usuario quiera actualizar su información en el directorio centralizado.

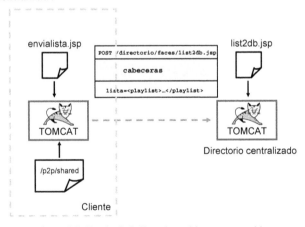

Figura 5.7. Envío de la lista de archivos compartidos.

Para construir la clase, se hará uso de la clase *URL* y HttpURLConnection. Un código de ayuda se muestra a continuación:

```
1. try{
2. URL url = new
      URL("http://192.168.13.1:8080/directorio/faces/list2db.jsp");
3. HttpURLConnection conn = (HttpURLConnection)
                           url.openConnection();
4. conn.setRequestMethod("POST");
5. conn.setDoOutput(true);
6. DataOutputStream o= new DataOutputStream(
                           conn.getOutputStream());
7. o.writeBytes(datos);
8. o.flush ();
9. o.close();
10. BufferedReader rd = new BufferedReader(new InputStreamReader(
                           conn.getInputStream()));
11. while ((line = rd.readLine()) != null) { System.out.println(line); }
12. rd.close();
13. } catch(Exception e){}
```

En la línea 2, se crea un objeto de la clase *URL*. Para ello es necesario indicar la url del recurso que se desea invocar (en este caso la aplicación JSP). La línea 3 crea una conexión HTTP. La línea 4 indica que el método a utilizar es POST. El mensaje que se enviará por la conexión es del tipo POST. Las líneas 6 y 7 se encargan de crear un objeto de la clase *DataOutputStream* para poder enviar los datos. Recuerde que antes de ser enviados se deben codificar. Para leer la respuesta que envía el contenedor, se puede crear un objeto de la clase *BufferedReader*, tal como se recoge en las líneas 10 y 11.

2. Extracción de información en documentos XML usando SAX

El objetivo final de esta fase es crear el mecanismo que permita almacenar en el directorio centralizado (base de datos) la información relativa a los distintos archivos que comparte un usuario. Es lo que habíamos denominado como "tareas de información y actualización de archivos que contiene un usuario", en la introducción del proyecto.

167

La aplicación **list2db** se encargará de:

- Recuperar el contenido de la lista de archivos compartidos.

- Procesar ese contenido, extrayendo el valor de los distintos elementos (expresados en el lenguaje de marca XSPF).

- Almacenar esa información en el directorio centralizado (base de datos).

El esquema de funcionamiento será el siguiente:

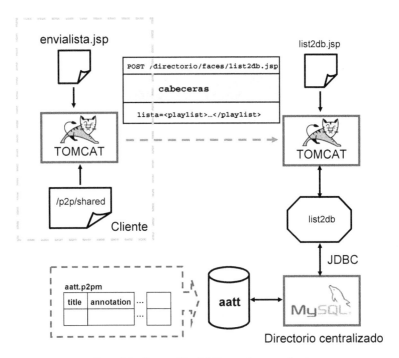

Figura 5.8. Generación del directorio centralizado.

Se puede observar que el directorio centralizado se construye usando una base de datos a la cuál se accederá mediante JDBC. Como gestor se utilizará MySQL.

Para realizar este primer apartado, se hace uso de la clase *saxbean.playlist2db*, que se podrá descargar de la página comentada en la introducción. En dicha clase se puede observar la existencia de 4 métodos:

1. public void parse(String xml)

Este método es el encargado de analizar el documento XML. El valor que se pasará como argumento a este método es el contenido de la lista de archivos compartidos.

2. public void startElement (String uri, String nombre, String qName, Attributes atts)

Este método se invoca cuando se recibe la notificación del comienzo de un nuevo elemento (evento de nueva marca). El argumento 'qName' es el nombre del nodo. El argumento atts es usado para recuperar el valor de un atributo, por ejemplo:

atts.getValue(0), obtiene el valor del primer atributo

atts.getValue(1), el valor del segundo atributo

3. public void endElement (String uri, String name, String qName)

Este método se invoca cuando se recibe la notificación del fin de un elemento (evento de fin de marca). El argumento 'qName' es el nombre del nodo

4. public void characters (char ch[], int start, int length)

Este método se invoca cuando se recibe un dato (evento de contenido de un elemento). Para recuperar el valor de un determinado elemento, dentro de este método se podrá hacer uso de una sentencia tal como:

169

String value = new String(ch, start, length);

Siendo *value*, el objeto donde se almacena el valor de dicho elemento. La clase resultante, *saxbean.playlist2db*, debe guardarse en el siguiente directorio:

/TOMCAT_HOME/webapps/directorio/WEB-INF/classes.

3. Manipulación de una base de datos

Una vez que se ha extraído la información del documento XML, es momento de guardar los distintos valores en el directorio centralizado. Dicho directorio está creado usando una base de datos llamada 'aatt'. Dentro de dicho base de datos está la tabla p2pm, cuya estructura es la que sigue:

title	annotation	info	location	image	identifier

Figura 5.9. Información almacenada en la BBDD.

Los datos de 'aatt.p2pm' son los siguientes:

title: nombre/titulo de un archivo.
annotation: descripción del archivo.
info: URL del servidor que contiene los archivos.
location: URL del archivo.
image: URL de la imagen asociada al archivo.
identifier: Identificador único del archivo.

Como se ha comentado, para manipular esta base de datos e insertar los distintos valores, se hará uso de JDBC (verificar si está instalado el conector para MySQL). Todas estas tareas las realizará la clase *saxbean.playlist2db*. Por ello será necesario extender la funcionalidad de la clase creada en el segundo apartado.

Una vez finalizada la fase 2, ya estará alcanzado el objetivo (b) del servicio de intercambio de contenidos multimedia:

"Publicar en un directorio centralizado localizado en un servidor los nombres de los distintos archivos multimedia que están en el directorio compartido. Así mismo, se debe publicar la URL donde se encuentran ubicados los distintos archivos."

Fase 3: Consultas en bases de información

La siguiente fase tiene como objetivo crear una aplicación destinada a realizar búsquedas de archivos dentro del directorio centralizado, consiguiendo el objetivo (c) del servicio de intercambio de archivos.

El resultado de la búsqueda se presentará como una página web, donde aparece el nombre del archivo y un enlace al servidor que lo contiene. Si existe más de un servidor, la búsqueda genera distintos enlaces. Al pulsar uno de estos enlaces, el navegador solicita el archivo y continuación se descarga desde su ubicación.

La aplicación que se encargará de descargar un archivo desde su ubicación, haciendo uso de la información obtenida en la consulta (objetivo d), es el navegador web (Chrome, Firefox, Opera, etc.)

Se creará una aplicación formada por distintos componentes con una funcionalidad específica:

a)   Componentes destinados a proporcionar una interfaz de usuario (nivel de presentación o vista). Este nivel será proporcionado a través de distintos archivos JSP.

b)   Elementos para el acceso a los datos. Son los encargados de acceder al sistema gestor haciendo uso de JDBC.

Objetivos:

- Desarrollo de una aplicación dividida en capas lógicas siguiendo la arquitectura MVC.

- Crear una aplicación basada en componentes.

1. Componentes para el acceso a los datos: búsqueda en el directorio

La capa Modelo es la encargada de interactuar con el gestor de base de datos. En este apartado se desarrollará una clase llamada *jdbc.DAOBuscar*, encargada de realizar la búsqueda de archivos en el directorio centralizado (base de datos). Esta clase debe contener los siguientes métodos:

1. public void setParameters(String c,String u,String p)

Este método es utilizado para pasar al componente los datos necesarios para realizar la conexión a la base de datos: localización del gestor de base de datos, el nombre de usuario y la contraseña.

String c	Localización de la base de datos
String u	Nombre de usuario
String p	Contraseña

2. public void getBusqueda(String peticion)

Realiza la búsqueda del archivo indicado por el parámetro 'peticion' en el directorio centralizado. Almacena el resultado en una variable de clase de tipo Vector. Para cada ocurrencia del archivo localizado en el directorio, se debe almacenar todos los atributos del mismo:

title	annotation	info	location	image	identifier

3. public Vector getList()

Devuelve el resultado de la búsqueda: un vector donde se almacenan todos los atributos de los archivos que coincidan con el nombre buscado. La búsqueda en el directorio centralizado se realizaría de la siguiente forma:

173

- El usuario enviará el nombre del archivo que desea buscar en un mensaje de petición tipo POST desde el navegador. La clase *DAOBuscar* se encargará de obtener el nombre del archivo y realizará una consulta a la base de datos 'aatt'. Los posibles resultados se almacenarán en un vector para ser mostrados con posterioridad usando una vista.

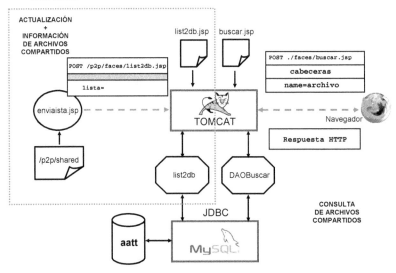

Figura 5.10. Búsqueda de una archivo en el directorio centralizado.

2. Componentes para el interfaz de usuario: Vista

La capa Vista es la que interacciona con el cliente. Define el modo en que se envía y presenta la información al mismo.

En el proyecto propuesto, este nivel se va a implementar utilizando distintos archivos basados en tecnología JSP. Cada uno de estos archivos o vistas estarán asociados a los diferentes estados del controlador. En esta fase, hay que desarrollar las siguientes vistas:

Nombre el archivo	Estado del controlador
buscar.jsp	BUSCAR
listado.jsp	LISTADO

a) buscar.jsp

Desde este archivo se crea un objeto de la clase *DAOBuscar*. Esta clase se encargará de obtener el nombre del archivo, y realizará una consulta a la base de datos 'aatt'. El resultado se almacena en una variable de clase de tipo Vector. Para cada ocurrencia del archivo localizado en el directorio se almacenan todos los atributos del mismo. Después de realizar la búsqueda, el controlador cambia de estado y pasa al estado LISTADO. La vista asociada a este estado es *listado.jsp*.

c) listado.jsp

Los resultados obtenidos en el estado BUSCAR y que están almacenados en un vector, se mostrarán en una página web donde aparecen los enlaces a todos los servidores que tienen el archivo. Debe tener el siguiente aspecto:

Figura 5.11. Resultado de la búsqueda de un archivo.

175

En el resultado generado, debe aparecer el nombre del archivo, su código identificador (para verificar que realmente se trata del mismo archivo), un enlace al servidor que contiene el archivo (Descarga de video) y un enlace para reproducir el video desde el servidor remoto. Además debe incluirse un enlace que al pulsarlo, permita acceder a toda la lista de archivos que comparte ese usuario.

Fase 4: Servicio de intercambio de archivos

La siguiente práctica completa la fase tres y su propósito es crear una aplicación destinada a realizar búsquedas de archivos dentro del directorio centralizado (objetivo c del servicio de intercambio de archivos).

Se creará una aplicación formada por distintos componentes con una funcionalidad específica:

a) Componentes encargados de proporcionar la lógica de control necesaria a la aplicación.

b) Componentes destinados a proporcionar una interfaz de usuario (nivel de presentación o vista). Este nivel será proporcionado a través de distintos archivos JSP.

c) Elementos para el acceso a los datos. Son los encargados de acceder al sistema gestor haciendo uso de JDBC.

Objetivos:

• Desarrollo de una aplicación JSF dividida en capas lógicas siguiendo la arquitectura MVC.

• Crear una aplicación basada en componentes.

1. Componentes para la lógica de control

El nivel de control es el que gobierna el funcionamiento de la aplicación. Se va a regir por los estados que se presenta a continuación:

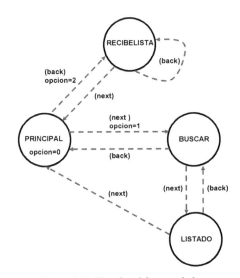

Figura 5.12. Estados del controlador.

2. Componentes para el acceso a los datos: búsqueda en el directorio

La capa Modelo es la encargada de interactuar con el gestor de base de datos. En la fase tres se desarrolló una clase, llamada *jdbc.DAOBuscar*, encargada de realizar la búsqueda de archivos en el directorio centralizado (base de datos). Esta clase contiene los siguientes métodos:

a) public void setParameters(String c,String u,String p)
b) public void getBusqueda(String peticion)
c) public Vector getList()

3. Componentes para el interfaz de usuario: Vista

La capa Vista es la que interactúa con el cliente. Define el modo en que se envía y presenta la información al cliente. En el proyecto propuesto, este nivel se va a implementar utilizando distintos archivos. Cada uno de estos archivos o vistas estarán asociados a los diferentes estados del controlador. Habrá que desarrollar las siguientes vistas:

Nombre el archivo	Estado del controlador
Main.jsp	PRINCIPAL
buscar.jsp	BUSCAR
listado.jsp	LISTADO
list2db.jsp	RECIBELISTA

a) Main.jsp

Este es el archivo donde se van a definir las distintas vistas. En él se incluye el formulario destinado a la selección del archivo que se buscará en el directorio. Dicho formulario tendrá un aspecto como el mostrado en la figura 5.13.

El usuario enviará el nombre del archivo que desea buscar en un mensaje de petición tipo GET desde el navegador. Tras enviar el nombre del archivo, el controlador cambia de estado y pasa al estado BUSCAR. La vista asociada a este estado es *buscar.jsp*.

Figura 5.13. Formulario para realizar la búsqueda de archivo.

179

b) **buscar.jsp**

Desde este archivo se crea un objeto de la clase *DAOBuscar*. Esta clase se encargará de obtener el nombre del archivo, y realizará una consulta a la base de datos 'aatt'. El resultado se almacena en una variable de clase de tipo Vector. Para cada ocurrencia del archivo localizado en el directorio se almacenan todos los atributos del mismo. Después de realizar la búsqueda, el controlador cambia de estado y pasa al estado LISTADO. La vista asociada a este estado es *listado.jsp*.

c) **listado.jsp**

Los resultados obtenidos en el estado BUSCAR y que están almacenados en un vector, se mostrarán en una página web donde aparecen los enlaces a todos los servidores que tienen el archivo. Debe tener el aspecto de la figura 5.14.

En el resultado generado, debe aparecer el nombre del archivo, su código identificador, un enlace al servidor que contiene el archivo (Descarga de video) y un enlace para reproducir el video desde el servidor remoto. Además debe incluirse un enlace que al pulsarlo, permita acceder a toda la lista de archivos que comparte. En dicho caso, se solicitará el archivo *playlist.jsp* del usuario remoto que comparte archivo, realizándose una transformación utilizando playlist.xsl.

Figura 5.14. Resultado de la búsqueda de un archivo.

d) **list2db.jsp**

Se trata del mismo archivo creado en la fase dos del proyecto. Se debe realizar las tareas necesarias para vincularlo al estado RECIBELISTA. De esta forma, si se ha enviado una lista de archivos desde el cliente, se produce una transición desde el estado PRINCIPAL al estado RECIBELISTA y es la vista *list2db.jsp* la encargada del almacenamiento del contenido de la lista en el directorio centralizado.

Con la creación de las distintas vistas, queda completado el servicio de intercambio de archivos entre usuarios. El funcionamiento de dicho servicio a través de las distintas aplicaciones creadas a lo largo de estas cuatro fases se resume en la figura 5.15.

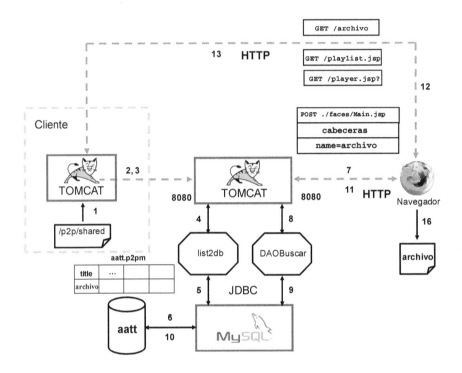

Figura 5.15. Servicio de intercambio de contenidos multimedia.

Analizando la figura, en el paso 1, el cliente crea un proceso *envialista* (1) que genera la información de todos los archivos compartidos (2) y la envía usando un mensaje HTTP tipo POST al servidor (3). Estos datos son recogidos por *list2db* (4) y son almacenados en la base de datos que constituye el directorio centralizado (5 y 6). Con estas tareas quedan publicados los nombres de los archivos que comparten los diferentes usuarios.

Si un usuario quiere realizar una búsqueda, introduce en un formulario el nombre del archivo y lo envía en un mensaje POST al servidor (7). Dicho nombre se usa para realizar la consulta al SGBD. Esta tarea la realiza *DAOBuscar* en los pasos 8, 9 y 10. El resultado de la búsqueda se devuelve al navegador (11). Una vez mostrada la información de los servidores que comparten este archivo, el usuario que realizó la consulta elige la descarga de uno de los servidores seleccionando en el enlace correspondiente. En ese momento, el navegador envía un mensaje de petición tipo GET al servidor seleccionado (12). Cuando el Servidor HTTP recibe la petición, genera un mensaje de respuesta donde va el contenido del mismo (13).

Fase 5: Servicios web

La siguiente fase tiene dos objetivos claramente definidos:

- Realizar una modificación a la aplicación creada en la fase dos, de forma que una vez extraída la información de los archivos compartidos, esta se llevará al directorio centralizado haciendo uso de un servicio web que se creará para tal fin. Con esta modificación, *playlist.jsp* no se encargará conectar con la base de datos directamente. En este caso, un cliente SOAP invocará al servicio web encargado de introducir la información en el directorio centralizado. El nombre de la aplicación que implementa el servicio es *directorio*.

- Utilizando el servicio web, el cliente accederá a la base de datos que constituye el directorio centralizado y guardará en ella la lista de contenidos multimedia existentes en el directorio compartido. Es una actualización de las aplicaciones desarrolladas en la fase dos.

Esta fase se divide en tres apartados:

a) Instalación de la aplicación *Apache Axis* en el contenedor. Se creará un servicio SOAP y una aplicación cliente para comprobar el correcto funcionamiento. Se llevarán a cabo todas las configuraciones necesarias.

b) Confección del servicio que se encarga de introducir la información de archivos compartidos en la base de datos *aatt*. Este servicio se llama *directorio*.

c) Finalmente se contempla la confección de una nueva clase (*envialista2*) que posibilita el envió de la información de archivos compartidos al directorio centralizado (base de datos). Este envío se hará directamente usando el servicio web desarrollado en el apartado b.

<u>Objetivos:</u>

- Aprender a configurar un contenedor de servlets para implementar servicios SOAP.
- Familiarizarse con el desarrollo de servicios web.
- Crear una aplicación usando servicios web.

1. Creación del servicio web

En este apartado se va a crear el servicio web que permita introducir la información recibida desde *playlist.xml* en la base de datos que constituye el directorio centralizado.

Este servicio se implementa a través de la aplicación *directorio* y en ella deben existir los siguientes métodos:

<u>1. Método para insertar información en el directorio</u>

Public void insertintoP2Pm(String title,String annotation,String info,String location,String image,String identifier)

<u>2. Método para borrar información del directorio</u>
Debe invocarse remotamente antes de una actualización de información de un usuario.

public void deteleP2Pm(String info)

2. Envío de la lista al servidor

En este apartado, hay que construir una aplicación JSP que permita el envío de la información de archivos compartidos al directorio centralizado, para que allí sea procesada por el servicio web que se encarga de registrar toda la información en la base de datos. Dicha aplicacón se llamará *envialista2*.

El servicio encargado de manipular el directorio centralizado se encuentra implementado en un archivo que recibe el nombre *directorio.java*.

Código fuente de las principales aplicaciones de la Fase 1

---

1. Definición de un lenguaje de marca

Un posible esquema para el vocabulario propuesto es el siguiente:

```xml
<xsd:schema xmlns:xsd="http://www.w3.org/2001/XMLSchema"
                    targetNamespace="http://www.example.org/playlist"
                    xmlns="http://www.example.org/playlist"
                    elementFormDefault="qualified">
  <xsd:element name="playList">
    <xsd:complexType>
      <xsd:sequence>
        <xsd:element ref="tracklist" minOccurs="1" maxOccurs="1"/>
      </xsd:sequence>
    </xsd:complexType>
  </xsd:element>

  <xsd:element name="trackList">
    <xsd:complexType>
      <xsd:sequence>
        <xsd:element ref="track" minOccurs="0" maxOccurs="unbounded"/>
      </xsd:sequence>
    </xsd:complexType>
  </xsd:element>

  <xsd:element name="title" type="xsd:string"/>
  <xsd:element name="annotation" type="xsd:string"/>
  <xsd:element name="info" type="xsd:string"/>
  <xsd:element name="location" type="xsd:string"/>
```

187

```
<xsd:element name="image" type="xsd:string"/>
<xsd:element name="identifier" type="xsd:string"/>
<xsd:element name="espinosa" type="xsd:string"/>
<xsd:element name="track">
  <xsd:complexType>
    <xsd:sequence>
      <xsd:element ref="title" minOccurs="0" maxOccurs="1"/>
        <xsd:element ref="annotation" minOccurs="0" maxOccurs="1"/>
        <xsd:element ref="info" minOccurs="0" maxOccurs="1"/>
        <xsd:element ref="location" minOccurs="0" maxOccurs="1"/>
        <xsd:element ref="image" minOccurs="0" maxOccurs="unbounded"/>
        <xsd:element ref="identifier" minOccurs="0" maxOccurs="1"/>
        <xsd:element ref="espinosa" minOccurs="1" maxOccurs="1"/>
    </xsd:sequence>
  </xsd:complexType>
</xsd:element>
</xsd:schema>
```

2. Generación de la lista de archivos compartidos

Para generar el documento XML con la lista de archivos compartidos, se hace uso de la aplicación *playlist.jsp*, cuyo código es:

```
<%@ page contentType="text/xml"%><%@ page import="xmlista.*"%><%
String dir=application.getRealPath("/");
String path=application.getContextPath();
String r;
PlayList pl=new PlayList();
r=pl.GetList(dir,path);System.out.println(r);
out.println(r);
%>
```

El código de la clase PlayList es:

```
package xmlista;
import java.io.*;
import java.net.*;

public class PlayList{
  File nombreD;
  File fi;
  public PlayList(){}

public String GetList(String directorio, String dirpath){
    String res=new String("");
    String dirlocal=directorio+"shared/";
    nombreD=new File(dirlocal);
    if(nombreD.isDirectory()){
      try{
        String ip=InetAddress.getLocalHost().toString();
        ip=ip.substring(ip.indexOf("/")+1);
        String dir[]=nombreD.list();
        int longdir=dir.length;
        int i;
        res ="<?xml version='1.0'?>\r\n";
        res+="<?xml-stylesheet href='playlist.xsl' type='text/xsl'?>\r\n";
        res+="<playList>\r\n";
        res+="<trackList>\r\n";
        for (i=0;i<longdir;i++){
          if (dir[i].endsWith(".flv")){
            int idx_image=dir[i].lastIndexOf(".flv");
            String image=dir[i].substring(0,idx_image)+".jpg";
```

```
fi=new File(dirlocal+image);
if (fi.exists()!=true) image="default.jpg";
fi=new File(dirlocal+dir[i]);
MD5 md = new MD5();
FileInputStream fis = new FileInputStream(dirlocal+dir[i]);
byte [] buff = new byte[8192];  int nread;
nread=fis.read(buff, 0, 8192); // solo hash a los primeros 8KBytes
md.addInput(buff, nread);
fis.close();
byte [] fp = md.getMD();
String hash=md.bytes2hexStr(fp);
  res+="<track>\r\n";
res=res+"<title>"+dir[i]+"</title>\r\n";
    res+="<annotation>Video descargado para uso
            educativo</annotation>\r\n";
res=res+"<info>http://"+ip+":8080"+dirpath+"</info>\r\n";
res=res+"<location>http://"+ip+":8080"+dirpath,
res=res+"/shared/"+dir[i]+"</location>\r\n";
res=res+"<image>http://"+ip+":8080"+dirpath;
res=res+"/shared/"+image+"</image>\r\n";
res=res+"<identifier>"+hash+"</identifier>\r\n";
  res+="</track>\r\n";
  }
 }
 res+="</trackList>\r\n</playList>\r\n";
}catch (Exception e){System.out.println(e);};
}
return res;
}
}
```

190

El resto de clases que aparecen en el anterior código están disponibles en la zona de descarga.

3. Transformación de documentos usando XML

Con objeto de transformar en el cliente el resultado generado por *playlist.jsp*, se crea el siguiente documento XSL, llamado *playlist.xsl*:

```xml
<?xml version="1.0" encoding="UTF-8"?>
<xsl:stylesheet version="1.0"
                xmlns:xsl="http://www.w3.org/1999/XSL/Transform">
<xsl:template match="/">
  <html>
    <body bgcolor="#aaaee">
     <h1 align="center">VIDEOS COMPARTIDOS</h1>
     <table align="center">
      <xsl:for-each select="/playList/trackList/track">
       <tr>
       <td>
        <a>
         <xsl:attribute name="href"> player.jsp?url=<xsl:value-of
                                   select="./location"/>
        </xsl:attribute>
        <img width="100" height="100">
          <xsl:attribute name="src">
            <xsl:value-of select="./image"/>
          </xsl:attribute>
        </img>
        </a>
       </td>
```

```
<td>
  <b>Titulo:</b><xsl:value-of select="./title"/><br/>
  <b>Id:</b><xsl:value-of select="./identifier"/><br/>
   <a><xsl:attribute name="href"><xsl:value-of
        select="./location"/></xsl:attribute>Descarga de video:</a>
   <br/>Video descargado para uso educativo<br/><br/>
 </td>
 </tr>
   </xsl:for-each>
  </table>
  </body>
 </html>
</xsl:template>
</xsl:stylesheet>
```

El código de la aplicación *player.jsp*, destinado a la reproducción del archivo multimedia es:

```
<%@ page language="java" contentType="text/html; charset=ISO-8859-1"
    pageEncoding="ISO-8859-1"%>
<!DOCTYPE html PUBLIC "-//W3C//DTD HTML 4.01 Transitional//EN"
                      "http://www.w3.org/TR/html4/loose.dtd">
<%@ page import= "java.net.*" %>
<%@ page import= "java.io.*" %>
<html>
  <% String peticion = request.getParameter("url"); %>
  <head>
    <meta http-equiv="Content-Type" content="text/html; charset=ISO-8859-1">
    <title>Aplicaciones telematicas 10/11</title>
    <script type="text/javascript" src="flowplayer-3.2.6.min.js"></script>
```

```
</head>
<body bgcolor="#aaaee">
  <center>
  <h2><b>Reproduccion del archivo</b></h2>
   <a href="<%=peticion%>" style="display:block;width:425px;height:350px"

                            id="player"></a>
  <script>
     flowplayer("player", "flowplayer-3.2.7.swf ");
  </script>
  </center>
 </body>
</html>
```

Código fuente de las principales aplicaciones de la Fase 2.

---

1. Envío de la lista al servidor

El código de la aplicación *envialista.jsp* cuyo objetivo es enviar la lista de archivos compartidos al directorio centralizado es:

```jsp
<%@ page import= "java.io.*" %>
<%@ page import= "java.net.*" %>
<%@ page import="xmlista.*"%>
<%
String dir=application.getRealPath("/");
String path=application.getContextPath();
PlayList pl=new PlayList();
String line;
String datos="lista="+pl.GetList(dir,path);
try{
    URL url = new URL("http://127.0.0.1:8080/p2p/list2db.jsp");
    HttpURLConnection conn = (HttpURLConnection) url.openConnection();
    conn.setRequestMethod("POST");
    conn.setDoOutput(true);
    DataOutputStream o= new DataOutputStream(conn.getOutputStream());
    o.writeBytes(datos);
    o.flush ();
    o.close();
    BufferedReader rd = new BufferedReader(new
    InputStreamReader(conn.getInputStream()));
    while ((line = rd.readLine()) != null) { System.out.println(line); }
    rd.close();
} catch(Exception e){} %>
```

2. Extracción de información en documentos XML usando SAX

El código de *list2db.jsp* encargado de recuperar el contenido de la lista de archivos compartidos, procesar el contenido, extrayendo el valor de los distintos elementos y almacenar esa información en el directorio centralizado es:

```
<%@ page import="saxbean.*"%>
<%
String prueba = request.getParameter("lista");
playlist2db pr1 = new playlist2db();
pr1.parse(prueba);
%>
```

3. Manipulación de la base de datos

El código de la clase *playlist2db* es:

```
package saxbean;
import java.io.*;
import java.util.*;
import java.sql.*;
import org.xml.sax.*;
import org.xml.sax.helpers.DefaultHandler;
import javax.xml.parsers.SAXParserFactory;
import javax.xml.parsers.ParserConfigurationException;
import javax.xml.parsers.SAXParser;

public class playlist2db extends DefaultHandler {
        String title,annotation,info,image,identifier,location,espinosa;
        Connection conn;
        Statement stm;
        int pointer=0;
```

```
public playlist2db() {
}

public void parse(String xml) throws Exception {
    SAXParserFactory spf =  SAXParserFactory.newInstance();
    spf.setValidating(false);
    SAXParser saxParser = spf.newSAXParser();
    // crea un reader XML
    XMLReader reader = saxParser.getXMLReader();
    // selecciona un manejador
    reader.setContentHandler(this);
    // analiza la fuente de entrada
    ByteArrayInputStream xmldata=new ByteArrayInputStream(xml.getBytes());
    reader.parse(new InputSource(xmldata));
}

// recibe la notificación de inicio de un elemento
public void startElement (String uri, String nombre, String qName, Attributes atts)
{
    if (qName.equals("title")) {
            pointer=1;
    }
    else if (qName.equals("annotation")) {
            pointer=2;
    }
    else if (qName.equals("info")) {
            pointer=3;
    }
    else if (qName.equals("location")) {
            pointer=4;
```

```
        }
        else if (qName.equals("image")) {
                pointer=5;
        }
        else if (qName.equals("identifier")) {
                pointer=6;
        }
}


// recibe la notificación de fin de elemento
public void endElement (String uri, String name, String qName) {
    if (qName.equals("track")) {
        String sql="INSERT INTO aatt.p2pm  (title, annotation, info, location,
        image, identifier) VALUES ('"+title+"','"+ annotation+"','"+ info+"','"+
        location+"','"+image+"','"+identifier+"')";
        try{
        Class.forName ("com.mysql.jdbc.Driver");
conn=DriverManager.getConnection("jdbc:mysql://localhost/aatt","root","");
            stm=conn.createStatement();
            stm.execute(sql);
        } catch (Exception e) {System.out.println(e);}
    }
}


// recibe notificación de contenido de un elemento
public void characters (char ch[], int start, int length) {
    String value = new String( ch, start, length);
```

```
if (pointer==1){
    title=value;
    pointer=0;
}
else if (pointer==2){
    annotation=value;
    pointer=0;
}
else if (pointer==3){
    info=value;
    pointer=0;
}
else if (pointer==4){
    location=value;
    pointer=0;
}
else if (pointer==5){
    image=value;
    pointer=0;
}
else if (pointer==6){
    identifier=value;
    pointer=0;
}
    }
}
```

Código fuente de las principales aplicaciones de la Fase 3.

La vista encargada de ofrecer al usuario el formulario de búsqueda recibe el nombre de *buscar.jsp* y tiene el siguiente código:

```html
<html>
<head>
  <title>Buscar archivos</title>
</head>
<body bgcolor="#aaaee">
  <h1 align="center">Buscar archivos</h1>
  <form action="listado.jsp" method="post">
    <p align="center">Nombre:<input type="text" name="nombre" >
    <input type="submit" value="Buscar"></p>
  </form>
</body>
</html>
```

El código asociado a la vista *listado.jsp* es el siguiente:

```html
<html>
<head>
  <title>Listado</title>
</head>
<body bgcolor="#aaaee">
  <%@ page import = "jdbc.*" %>
  <%@ page import = "java.util.*" %>
  <h1 align="center">Buscar archivos</h1>
  <form action="listado.jsp" method="post">
```

```
    <p align="center">Nombre:<input type="text" name="nombre" >
    <input type="submit" value="Buscar"></p>
</form>
<center>
<table>
<%
String peticion = request.getParameter("nombre");
String titulo,anotacion,info,localizacion,imagen,identificador;
DAOBuscar d1 = new DAOBuscar();
d1.setParameters("jdbc:mysql://localhost/aatt","root","");
d1.getBusqueda(peticion);
Vector v1 = new Vector ();
v1 = d1.getList();
int tam=v1.size()/6;
for (int iter=0;iter<tam;iter++){
    titulo=(String)v1.elementAt(iter*6+0);
    anotacion=(String)v1.elementAt(iter*6+1);
    info=(String)v1.elementAt(iter*6+2);
    localizacion=(String)v1.elementAt(iter*6+3);
    imagen=(String)v1.elementAt(iter*6+4);
    identificador=(String)v1.elementAt(iter*6+5);
    %>
    <tr>
    <td>
    <a href="player.jsp?url=<%=localizacion%>">
    <img src="<%=imagen%>" width="100" height="100">
    </a>
    </td>
    <td>
    <b>Titulo:<%=titulo%></b><br/>
```

```html
<b>Id:<%=identificador%></b><br/>
<b><a href="<%= localizacion %>">Descarga del video</a></b><br/>
<%=anotacion%><br/><br/>
</td>
</tr>
<%} %>
</table>
</center>
</body>
</html>
```

El código fuente de la clase *DAOBuscar* es:

```java
package jdbc;
import java.sql.*;
import java.util.*;

public class DAOBuscar {
        String title,annotation,info,image,identifier,location;
        Connection conn;
        Statement stm;
        ResultSet rs;
        Vector lista;

        public DAOBuscar(){
        lista = new Vector();
        }
```

```java
public void setParameters(String c, String u, String p){
    try{
    Class.forName ("com.mysql.jdbc.Driver");
    conn=DriverManager.getConnection(c,u,p);
    } catch (Exception e){}
}

public void getBusqueda(String peticion){
    String sql = "SELECT * FROM aatt.p2pm WHERE title like '%"+peticion+"%'";
    if (!peticion.equals("")){
        try{
            lista.removeAllElements();
            stm=conn.createStatement();
            rs=stm.executeQuery(sql);
            while (rs.next()){
                title=rs.getString("title");
                annotation=rs.getString("annotation");
                info=rs.getString("info");
                location=rs.getString("location");
                image=rs.getString("image");
                identifier=rs.getString("identifier");
                lista.add(title);
                lista.add(annotation);
                lista.add(info);
                lista.add(location);
                lista.add(image);
                lista.add(identifier);
            }
        rs.close();
        stm.close();
```

```
                    } catch (Exception e){}
        }
    }

    public Vector getList(){
            return lista;
        }
    }
```

Código fuente de las principales aplicaciones de la Fase 4.

Las aplicaciones *list2db.jsp*, *buscar.jsp* y *listado.jsp* son las presentandas en las fases 2 y 3. Para completar esta fase, se incorpora el código correspondiente a *Main.jsp*, vista desde donde se pasa a los siguientes estados de la aplicación web. No se va a crear un elemento controlador como tal (aunque se deja al lector su inclusión), ya que la aplicación es muy sencilla y con el siguiente ejemplo se cumple con los requerimientos planteados en esta fase del proyecto:

```jsp
<%@ page language="java" contentType="text/html; charset=ISO-8859-1"
pageEncoding="ISO-8859-1"%>
<%@ page import="saxbean.*;" %>
<%@ taglib prefix="f" uri="http://java.sun.com/jsf/core"%>
<%@ taglib prefix="h" uri="http://java.sun.com/jsf/html"%>
<html>
<head>
  <meta http-equiv="Content-Type" content="text/html; charset=ISO-8859-1">
  <title>TITULO</title>
</head>
<body bgcolor="#aaaaee">
  <% String opcion;
      if (request.getParameter("opcion")!=null)
                       opcion=request.getParameter("opcion");
      else opcion="1";
      if (opcion.equals("2")){
              String lista=request.getParameter("lista");
              playlist2db pl=new playlist2db();
              pl.parse(lista);
      }
      else {
```

```
        %>
    <f:view>
      <h:form>
        <h1><b>BUSCAR ARCHIVOS</b></h1>
        <h:outputLabel value="Archivo:"></h:outputLabel>
        <h:inputText  value="#{buscar.nombre}"/>
        <input type="hidden" name="opcion" value="1">
         <h:commandButton action="#{buscar.getBusqueda}" value="Buscar"/>
      </h:form>
        <p>
        <h:dataTable id="dt1" value="#{buscar.lista}" var="l" >
        <h:column>
        <h:outputLink value="#{l.info}/player.jsp?url=#{l.location }">
        <h:graphicImage id="image" url="#{l.image}">
        </h:graphicImage>
        </h:outputLink>
        </h:column>
        <h:column>
        <h:outputText value="#{l.title}"/><br/>
        <h:outputText value="#{l.annotation}"/> <br/>
        <h:outputLink value="#{l.location}">
        <h2>Descargar</h2>
        </h:outputLink>
        </h:column>
        </h:dataTable>
        </p>
    </f:view>
  <%} %>
  </body>
  </html>
```

Código fuente de las principales aplicaciones de la Fase 5.

1. Creación del servicio web

El código de la clase que implementa el servicio web encargado de introducir la información recibida en el directorio centralizado es:

```
package ws;
import java.sql.*;

public class directorio {
    public void insertintoP2Pm(String title, String annotation, String info, String
                        location,String image, String identifier){
    Connection conn;
    Statement stm;
    String sql="INSERT INTO aatt.p2pm (title,annotation,info,location,image,
identifier)
    VALUES ('"+title+"','"+annotation+"','"+info+ "','"+location+"','"+image+"','"+
    identifier+"')";
    try{
      Class.forName ("com.mysql.jdbc.Driver");
      conn=DriverManager.getConnection("jdbc:mysql://localhost/aatt","root","");
      stm=conn.createStatement();
      stm.execute(sql);
      stm.close();
      conn.close();
    } catch (Exception e){System.out.println(e);}
    }
```

```java
public void deleteP2Pm(String info) {
    Connection conn;
    Statement stm;
    String sql="delete from aatt.p2pm where info='"+info+"'";
    try{
        Class.forName ("com.mysql.jdbc.Driver");

        conn=DriverManager.getConnection("jdbc:mysql://localhost/aatt","root","");
        stm=conn.createStatement();
        stm.execute(sql);
        stm.close();
        conn.close();
    } catch (Exception e){System.out.println(e);}
    }
}
```

2. Envío de la lista al servidor

La aplicación encargada de enviar la lista al servidor se llama *envialista2* y hace uso de una clase (*playlist2db2*) para analizar la lista de archivos compartidos e invocar el servicio *directorio*, creado en el apartado anterior. Se ha decidido implementarla como una aplicación java y el código es el siguiente:

```java
import xmlista.*;
public class envialista2 {
    public static void main(String[] args) {
        String dir=System.getProperty("user.dir")+"/bin/";
        String path="";
        PlayList pl=new PlayList();
        String line;
        String datos=pl.GetList(dir,path);
```

```
    playlist2db2 db=new playlist2db2();
    try{
        db.parse(datos);
        } catch (Exception e){}
        }
}
```

El código de playlist2db2 es:

```
package ws;

import java.io.*;
import java.util.*;
import java.sql.*;
import org.xml.sax.*;
import org.xml.sax.helpers.DefaultHandler;
import javax.xml.parsers.SAXParserFactory;
import javax.xml.parsers.ParserConfigurationException;
import javax.xml.parsers.SAXParser;

public class playlist2db2 extends DefaultHandler {
    String title,annotation,info,image,identifier,location,espinosa;
    Connection conn;
    Statement stm;
    int pointer=0,cont=0;

    public playlist2db2(){
    }
```

```java
public void parse(String xml) throws Exception {
    SAXParserFactory spf = SAXParserFactory.newInstance();
    spf.setValidating(false);
    SAXParser saxParser = spf.newSAXParser();
    XMLReader reader = saxParser.getXMLReader();
    reader.setContentHandler(this);
    ByteArrayInputStream xmldata=new ByteArrayInputStream(xml.getBytes());
    reader.parse(new InputSource(xmldata));
}
public void startElement (String uri, String nombre, String qName, Attributes atts)
{
    if (qName.equals("title")){
            pointer=1;
    }
    else if (qName.equals("annotation")){
            pointer=2;
    }
    else if (qName.equals("info")){
            pointer=3;
    }
    else if (qName.equals("location")){
            pointer=4;
    }
    else if (qName.equals("image")){
            pointer=5;
    }
    else if (qName.equals("identifier")){
            pointer=6;
    }
}
```

```
// recibe notificación del fin de un elemento
public void endElement (String uri, String name, String qName) {
   if (qName.equals("track")){
        // cliente del servicio web directorio
         DirectorioProxy dp=new DirectorioProxy();
         try{
            if (cont==0) dp.deleteP2Pm(info);cont=1;
            dp.insertintoP2Pm(title,annotation,info,location,image,identifier);
            } catch (Exception e){System.out.println(e);}
         }
}


// recibe notificación de contenido de un elemento
public void characters (char ch[], int start, int length) {
   String value = new String( ch, start, length);

   if (pointer==1){
        title=value;
        pointer=0;
   }
   else if (pointer==2){
        annotation=value;
        pointer=0;
    }
   else if (pointer==3){
        info=value;
        pointer=0;
    }
   else if (pointer==4){
        location=value;
```

```
            pointer=0;
        }
    else if (pointer==5){
        image=value;
        pointer=0;
    }
    else if (pointer==6){
        identifier=value;
        pointer=0;
    }
  }
}
```

Se observa como se importan las clases del paquete *ws*, que contiene el proxy generado automáticamente (*DirectorioProxy*) a partir de la definición del servicio, que se encuentra en el archivo directorio.wsld. En el método *endElement* se hace uso de él.

.

Bibliografía

Cauldwell, Patrick. "Servicios web XML". Editorial Anaya Multimedia, 2002.

Comer, Douglas E. "Computer networks and internets with internet applications". Editorial Pearson/Prentice Hall, 2008.

Daum, Berthold. "Profesional Eclipse 3 para desarrolladores Java". Editorial Anaya Multimedia, 2005.

Eclipse Foundation. Recursos y manuales. Disponible en la ubicación http://www.eclipse.org/.

Fung, Khun Yee. "XSLT: working with XML and HTML". Editorial Addison-Wesley, 2001.

Gutiérrez, Juan Diego. "XML: Manual Inprescindible". Editorial Anaya, 2005.

Hanna, Phil. "Manual de referencia JSP". Editorial McGraw-Hill, 2002.

Harold, E. R. "XML imprescindible". Editorial Anaya multimedia/O´Reilly, 2005

jQuery Project. Recursos y manuales. Disponible en la ubicación http:// http://jquery.com/.

Kurose, James F. "Redes de computadores. Un enfoque descendente", quinta edición. Editorial Prentices Hall, 2010.

Lindley, Cody. "jQuery cookbook". Editorial O'Reilly, 2009.

Mogha, Rashim. "Java Web Services Programming". Editorial John Wiley & Sons, 2002.

Sotomayor, Borja. "Globus Toolkit 4: Programming Java Services". Editorial Elsevier, 2006.

Stallings, W. "Comunicaciones y Redes de Computadores", séptima edición. Editorial Pearson Educación, 2008.

Topley, Kim. "Java web services in a Nutshell". Editorial O'Reilly and associates, 2003.

Webservices Axis. Recursos y manuales. Disponible en la ubicación http://ws.apache.org/axis/.